Bibliothek des Widerstandes

Julius Schätzle
Stationen zur Hölle

**Konzentrations-
lager in Baden
und Württemberg
1933-1945**

Zweite verbesserte Auflage

Herausgegeben im
Auftrag der Lagergemeinschaft
Heuberg - Kuhberg - Welzheim

Röderberg-Verlag GmbH, Frankfurt/Main

ISBN 3-87682-035-9

BIBLIOTHEK DES WIDERSTANDES
Copyright by Röderberg-Verlag GmbH Frankfurt am Main 1974.
Zweite verbesserte Auflage 1980
Gesamtherstellung: Fuldaer Verlagsanstalt GmbH

Inhalt

Diese Dokumentation wurde von Julius Schätzle zusammengestellt im Auftrag der Lagergemeinschaft Heuberg-Kuhberg-Welzheim nach Berichten ehemaliger Häftlinge und eigenen Erlebnissen.

Julius Schätzle wurde am 19. November 1905 in Furtwangen geboren, besuchte in Stuttgart die Volksschule und erlernte das Schreinerhandwerk. 1920 schloß er sich der Freien Sozialistischen Jugend an und ist seither ohne Unterbrechung politisch aktiv. Sein Widerstand gegen den Nationalsozialismus brachte ihn ins Gefängnis und ins Konzentrationslager. Seine Stationen waren die Landesgefängnisse Freiburg und Ulm, die Konzentrationslager Kuhberg, Emslandmoor, Welzheim, Dachau, Mauthausen, Neuengamme und zum Schluß das Häftlingsschiff „Cap Arcona".

Nach dem Zusammenbruch des Nationalsozialismus stellte er sich sofort zur Verfügung, um ein neues, besseres Deutschland aufzubauen. 1946 wurde er in den ersten Württemberg-Badischen Landtag gewählt. Heute ist er Vorsitzender der KZ-Lagergemeinschaft Heuberg – Kuhberg – Welzheim und des „Dokumentationszentrums Oberer Kuhberg e. V."

Vormerkung zur 2. Auflage

Die im Jahre 1974 erschienene Dokumentation hat in allen Kreisen der Bevölkerung großes Interesse gefunden und ist vergriffen. Von ehemaligen Häftlingen wurden dem Verfasser in der Zwischenzeit wichtige zusätzliche Hinweise über das konkrete Geschehen in den einzelnen KZ-Lagern übermittelt, die in der vorliegenden Ausgabe berücksichtigt wurden.

Der Verfasser dankt für diese Mitarbeit und wünscht der 2. Auflage ein ebenso großes Interesse.

Vorwort
zur zweiten Auflage

Wenn wir verhindern wollen, daß sich das Unmenschliche, von dem dieses Buch Zeugnis ablegt, wiederholt, dann müssen wir alle dazu beitragen, daß dieses Kapitel unserer Geschichte bis in die letzten Winkel aufgehellt wird. Nichts darf verschwiegen oder mit dem Hinweis auf Verbrechen anderer bagatellisiert werden. Mit diesen Schandtaten, die in deutschem Namen begangen worden sind, hat heute und in Zukunft jeder zu tun, der Deutscher ist oder als Deutscher geboren wird. Jeder muß sich die Frage stellen, wie es möglich war, daß in unserem Land solche Grausamkeiten geschehen konnten. Noch wichtiger aber ist die Frage: Können wir sicher sein, daß sich eine derartige Katastrophe nicht noch einmal ereignet?

Ich bin dankbar und begrüße es sehr, daß ehemalige Insassen der Konzentrationslager in Baden-Württemberg die Berichte über ihren Leidensweg in einem Buch zusammengefaßt haben. Dies halte ich für um so wichtiger, als die jungen Menschen in unseren Schulen über die Wurzeln, das Wesen und die Verbrechen des Nationalsozialismus viel zu wenig erfahren. Auch außerhalb der Schulen wird die Diskussion über das Dritte Reich zu oberflächlich geführt. Nicht wenige sind heute schon wieder bereit, diese Jahre gewissermaßen als „Betriebsunfall" der deutschen Geschichte abzutun.

Gerade die Arbeiter- und Gewerkschaftsbewegung, die von den Nationalsozialisten 1933 zerschlagen wurde und viele ihrer besten Köpfe verloren hat, weiß, daß Geschichte nicht einfach Hinter-uns-Gebrachtes, endgültig Abgetanes sein darf und erst recht nicht tote Vergangenheit, die uns nicht mehr zu interessieren braucht. Geschichte ist der Boden, aus dem jede Bewegung zur Gestaltung der Gegenwart und der Zukunft ihre Kräfte schöpft.

In dem vorliegenden Buch sehe ich eine Mahnung, die Verbrechen an der Menschlichkeit, die von den Nationalsozialisten begangen worden sind, nicht zu vergessen und aus ihnen die richtigen Lehren zu ziehen. Auch in diesem Sinne darf es eine Verjährung dieser Verbrechen nicht geben. Diesem menschenverachtenden Ungeist der Nazis darf in unserem Lande zu keiner Zeit mit Toleranz begegnet werden.

Es ist unsere Pflicht, darüber zu wachen, daß wir die seit 1945 gewonnenen Freiheiten und Rechte nicht wieder durch falsche Propheten verspielen. Wer den Nationalsozialismus und den Rechtsradikalismus heute wieder verherrlicht, mit den alten und neuen Nazis sympathisiert oder marschiert, der muß unser Gegner sein, nicht nur zum Schutze unserer Demokratie, sondern vor allem im Gedenken an die zahllosen Opfer des Nationalsozialismus.

Möge dieses Buch dazu beitragen, in allen, die es lesen, das Bewußtsein zu festigen, daß jeder Kampf für Freiheit und Menschlichkeit am wirksamsten ist, wenn er nicht nur von einzelnen, sondern von einer großen solidarischen Gemeinschaft geführt wird. Dazu steht der Deutsche Gewerkschaftsbund.

LOTHAR ZIMMERMANN
Vorsitzender des
DGB-Landesbezirks Baden-Württemberg

1933 – 1945 Mahnung und Verpflichtung

Die im Rahmen der Weimarer Republik selbständigen Länder Baden und Württemberg wurden bis zum Jahre 1933 oft als „Musterländle" der Demokratie bezeichnet. Die badische Landesregierung wurde bis dahin von Dr. Hellpach geleitet, die Regierung in Württemberg von Staatspräsident Dr. Bolz (Zentrumspartei) geführt.

Bald nach der Machtergreifung durch die NSDAP wurden im Rahmen der „Gleichschaltung" diese demokratisch legitimierten Regierungen abgesetzt und durch sogenannte Reichsstatthalter, mit unbegrenzten Vollmachten ausgestattet, ersetzt. In Baden war dies der Gauleiter der NSDAP Wagner, in Württemberg Gauleiter Wilhelm Murr.

Jede Entwicklung von autoritären oder faschistischen Herrschaftsformen beginnt mit der Einschränkung und dem Abbau demokratischer Rechte und Freiheiten und mit der Aushöhlung der geltenden Verfassung. Die Weimarer Republik schuf mit diesem Abbau demokratischer Freiheiten, mit der Unterdrückung der konsequenten demokratischen Kräfte durch Notverordnungen, Ausnahmegesetze usw. weitgehend selbst die Voraussetzungen für den Übergang von einer parlamentarischen Demokratie zur faschistischen Diktatur. Das Dritte Reich war daher auch kein Betriebsunfall in der deutschen Geschichte, sondern die Folge von Fehlern und Unterlassungen der Republik von Weimar.

Zahlreiche Demokraten in Deutschland klammerten sich aber auch noch nach der Machtergreifung an die Hoffnung, daß wohl alles nicht so schlimm werden würde und daß Hitler und seine NSDAP bald abgewirtschaftet haben würden. Aber am 28. Februar 1933 stand das Reichstagsgebäude in Berlin in Flammen. Unter dem Vorwand, bei der Brandstiftung durch van der Lubbe handle es sich um ein kommunistisches Komplott, wurde noch in der gleichen Nacht vom Reichspräsidenten die „Verordnung zum Schutz von Volk und Staat" erlassen. Alle in der Weimarer Verfassung verankerten Grundrechte wurden eingeschränkt oder aufgehoben. Als erste wurden Tausende von Funktionären der Arbeiterbewegung verhaftet und in die bereits vorbereiteten Konzentrationslager Ankenbuck, Heuberg, Kislau usw. eingeliefert. Ihre Mahnung „Hitler bedeutet Krieg" fand keinen Glauben, und ein Generalstreik in Mössingen blieb ohne Echo.

Furchtbar und unvorstellbar waren die Folgen: Millionen Tote in den Konzentrationslagern von Auschwitz bis Gurs, von Buchenwald bis Bergen-Belsen. Allein in Baden-Württemberg gab es nahezu 100 sogenannter Schutzhaftlager und Zwangsarbeitslager.

50 Millionen Tote auf den Schlachtfeldern Europas oder durch den gnadenlosen Bombenkrieg auf die wehrlose Zivilbevölkerung. Zerstörte Städte und Dörfer, ein nach Millionen zählendes Heer von Flüchtlingen

und schließlich der Untergang des Deutschen Reiches. Dieses Ergebnis zwölfjähriger nationalsozialistischer Schreckensherrschaft darf nicht in Vergessenheit geraten. Wie konnte es dazu kommen? Wer trägt die Verantwortung? Was kann und muß getan werden, um eine Wiederholung zu vermeiden, um zu verhindern, daß Krieg und Faschismus wiedererstehen können?

Es muß uns doch mit Sorge erfüllen, daß solche Entwicklungen auch in der Zukunft nicht auszuschließen sind. Griechenland ist ein beredtes Beispiel dafür. Aber auch in der Bundesrepublik wurden trotz der bitteren Erfahrungen die ökonomischen Wurzeln des Faschismus bis heute nicht angetastet. Große Teile unserer Bevölkerung stehen auch heute noch unter dem Einfluß durch alte und neue Nazis oder durch solche Kräfte, die einer neofaschistischen Entwicklung Vorschub leisten.

Alle geschichtlichen Erfahrungen bestätigen, daß Machtkonzentrationen in wenigen Händen — und heute ist mehr denn je Kapitalkonzentration gleich Machtkonzentration — die stete Tendenz zur politischen Entwicklung nach rechts zu autoritären und faschistischen Herrschaftsformen systemeigen sind. Es ist daher kein Zufall, daß ökonomisch und politisch herrschende Kreise — auch international — vorwiegend das fördern und unterstützen, was reaktionär und in seinen Grundzügen faschistisch ist.

Auch die parlamentarische Demokratie in unserem Lande steht unter dieser Bedrohung. Die zunehmende Tendenz zur Kapitalkonzentration in immer weniger Hände, z. B. in der Rüstungswirtschaft oder im Pressewesen, zeigt ganz deutlich, wohin der Weg gehen soll. Noch funktioniert die parlamentarische Kontrolle der eng miteinander verflochtenen Bereiche von Staatsapparat, Rüstungswirtschaft und Militär einigermaßen, aber wir müssen dafür Sorge tragen, daß sich daraus nicht wieder ein mächtiger militär-industrieller Komplex herausbilden kann, der aus seiner Wesensart heraus nur autoritär und faschistisch sein kann.

Natürlich darf man dabei nicht gebannt auf eine Wiederkehr von braunen SA-Kolonnen und Hakenkreuzfahnen warten und dabei neue Erscheinungsformen des Faschismus übersehen. Der Nazismus hat sich in den Augen der Weltöffentlichkeit diskreditiert. Schon aus diesem Grunde ist eine Wiederholung in dieser Form unwahrscheinlich, aber er paßt sich bei unverändertem Wesen und gleichbleibender Funktion den neuen Gegebenheiten an.

Die Erfahrungen aus dem Kampf gegen den Hitlerfaschismus lehren uns, daß nur die gemeinsamen Anstrengungen aller Demokraten seine Wiedergeburt verhindern können. Nur wenn wir die tägliche Herausforderung bestehen, werden wir dem Kampf gegen Hitler und den unzähligen Opfern faschistischer Barbarei gerecht.

Diese Dokumentation erhebt keinen Anspruch auf eine exakte wissenschaftliche Arbeit. Sie faßt nur die Erlebnisberichte derjenigen zusammen, die noch unter uns weilen und die aktiv gegen das Unrecht gekämpft und unter der Knute des Nazismus gelitten haben.

Erlebte Geschichte zum Nachdenken, als Aufruf zur Wachsamkeit und, wo notwendig, auch zum Handeln.

ROLF DICK, MdL

Stationen zur Hölle

Namen wie Dachau, Buchenwald, Auschwitz, Ravensbrück bleiben unauslöschlich mit der dunkelsten Epoche der deutschen Geschichte verknüpft. Millionen Menschen wurden verfemt, verstoßen, gemartert, erschlagen, erhängt, vergast und dem Hungertod ausgeliefert. Im Machtbereich des Dritten Reiches gab es 1486 Konzentrationslager, davon allein in Baden und Württemberg 74. Gefängnisse und Zuchthäuser waren mit politischen Gefangenen überfüllt.

Hitler und seine Gefolgschaft verlangten vom deutschen Volk den totalen Krieg. Das Dritte Reich endete mit dem totalen Ruin Deutschlands. Mit der Bilanz von 55 Millionen Toten in Deutschland und allen mit Krieg überzogenen Ländern schloß das faschistische Regime seine zwölfjährige Herrschaft ab.

Es waren deutsche Männer und Frauen, die schon in den 20er Jahren vor dieser Entwicklung warnten. Das Programm der NSDAP und ihre Ziele ließen keinen Zweifel darüber aufkommen, was dem deutschen Volk und den Völkern Europas bevorstand, wenn der Faschismus zur Macht kommen würde. Die antifaschistischen Kräfte der Weimarer Republik waren jedoch uneinig und deshalb nicht stark genug, dieses Unheil zu verhindern. Einflußreiche Kräfte der Wirtschaft, des Staates und der Reichswehr förderten und stützten Hitlers NSDAP. Am 30. Januar 1933 ernannte Reichspräsident von Hindenburg Adolf Hitler zum Reichskanzler. Die Hitler-Diktatur breitete sich in Deutschland innerhalb weniger Wochen aus. Einige Monate genügten, um mit Demagogie und Terror Deutschland in allen Bereichen des öffentlichen Lebens faschistisch „gleichzuschalten". Der antifaschistische Widerstand lebte in allen zwölf Jahren der faschistischen Herrschaft. Er war auch durch brutalen Terror nicht völlig zu brechen.

Mit der Reichstagsbrandprovokation vom 27. Februar 1933 wurde eine organisierte Verfolgung von Funktionären und Mitgliedern der KPD und anderen Hitler-Gegnern eingeleitet. Unmittelbar nach dem Reichstagsbrand begannen Massenverhaftungen, von denen allein in Berlin etwa 1500 und im ganzen Reichsgebiet über 10 000 Antifaschisten betroffen waren. Einen Tag nach dem Reichstagsbrand erließ Reichspräsident von Hindenburg die „Verordnung zum Schutz von Volk und Staat", durch die die Grundrechte der Weimarer Verfassung aufgehoben und verschärfte Strafbestimmungen eingeführt wurden. Am 23. März folgte das berüchtigte „Ermächtigungsgesetz", am 31. März begann die Gleichschaltung der Länder. Am 1. April 1933 fand die erste faschistische Boykottaktion gegen jüdische Bürger statt, am 7. April wurde das Berufsbeamtengesetz erlassen, mit dessen Hilfe den Nazis unliebsame Beamte durch Hitler-Anhänger ersetzt wurden. Mit der Besetzung der Gewerkschaftshäuser am

2. Mai 1933 durch SA und Angehörige anderer NS-Organisationen begann die Unterdrückung und Zerschlagung der Freien Gewerkschaften. Am 10. Mai brannten in deutschen Universitätsstädten auf faschistischen Scheiterhaufen Bücher demokratischer, humanistischer, jüdischer und sozialistischer Autoren. Der Bücherverbrennung folgte die systematische Ausmerzung „undeutscher Literatur"; die besten Vertreter deutschen Geisteslebens wurden aus Deutschland vertrieben und „ausgebürgert". Am 22. Juni 1933 wurde die SPD verboten, Ende Juni bis Anfang Juli lösten sich die alten bürgerlichen Parteien der Weimarer Republik „selbst" auf.

Wie durch die Notverordnung vom 28. Februar die verfassungsmäßigen Bürgerrechte mit Füßen getreten wurden, zeigte sich besonders deutlich durch die jetzt mögliche „Schutzhaft" *. War es bisher der Polizei gesetzlich nur erlaubt, als Hilfsbeamte der Staatsanwaltschaft zur Verfolgung strafbarer Handlungen Festnahmen vorzunehmen oder unter bestimmten Voraussetzungen verdächtige Personen für kurze Zeit polizeilich festzuhalten, so war jetzt mit der „Schutzhaft" der Willkür Tür und Tor geöffnet. Vor allem auch deshalb, weil bewaffnete SA- und SS-Einheiten zur „Hilfspolizei" erklärt worden waren.

Zunächst waren es vor allem Funktionäre der Arbeiterbewegung, die in „Schutzhaft" genommen wurden: Kommunisten und Sozialdemokraten, Arbeitersportler und Gewerkschafter, Mitglieder der antifaschistischen Organisation Reichsbanner Schwarz-Rot-Gold und des Antifaschistischen Kampfbundes. Bald ergriff die Verhaftungswelle auch Geistliche, Beamte Professoren, Studenten, Bauern und Soldaten. Schließlich war jeder Bürger, der die nationalsozialistische Gewaltherrschaft nicht bedingungslos unterstützte, über ein Jahrzehnt von der „Schutzhaft" bedroht.

In Württemberg und Baden waren die Lager Heuberg, Kuhberg, Welzheim, Kislau, Gotteszell und Rudersberg „nur" Stationen zur Hölle. In diese Lager wurden die Verhafteten, die „Schutzhäftlinge", eingeliefert und ohne Gerichtsurteil Wochen bis Monate und manchmal auch jahrelang festgehalten, bis entschieden war, ob der Häftling entlassen, einem Gericht übergeben oder ohne weitere Formalitäten in eines der großen Konzentrationslager überführt werden sollte.

Politische Gefangene, die von einem faschistischen Gericht zu langen Gefängnis- oder Zuchthausstrafen verurteilt waren, wurden nach der Verbüßung ihrer Haft nicht in Freiheit gesetzt, sondern der Gestapo überge-

---

* Vgl. dazu u. a.: Martin Broszat: Nationalsozialistische Konzentrationslager 1933—1945, Kapitel Begriff und Institution der Schutzhaft. In: Anatomie des SS-Staates (Herausgeber Hans Buchheim, Martin Broszat, Hans-Adolf Jacobsen, Helmut Krausnick). Walter-Verlag, Olten und Freiburg im Breisgau 1965, Band II, S. 11ff. (Um diese kurzgefaßte Dokumentation nicht mit zu vielen Quellenangaben und Hinweisen zu versehen, wurden nur in den wichtigsten Fällen Fußnoten eingefügt. Sie können dem Leser zugleich einige Hinweise auf weitere Literatur zum Thema geben.)

ben und auf dem Kuhberg oder in Welzheim weiter in Haft gehalten. Ohne weitere Verhöre oder Rückfragen, ohne dem Häftling die Möglichkeit zu geben, Einspruch zu erheben oder gar einen Rechtsbeistand hinzuzuziehen, wurde über den Häftling eine zeitlich unbeschränkte „Schutzhaft" verhängt.

Vom Heuberg oder Kuhberg, von Welzheim und den Frauenlagern Gotteszell und Rudersberg führte für viele ein gerader Weg nach Dachau, Buchenwald, Sachsenhausen, Ravensbrück, Auschwitz und in die anderen Marterhöllen. Für viele Häftlinge währte die Einkerkerung die ganzen zwölf Jahre des Naziregimes. Mehr als sechs Millionen Menschen kamen in den Konzentrations- und Vernichtungslagern ums Leben, wurden zu Tode gequält, verhungerten oder wurden systematisch ermordet.

Der Pfarrer Zeyer aus Dürnau berichtete über seine Erlebnisse: „So sehr mir die physischen Leiden selber zusetzten, viel, viel schwerer waren die psychischen Leiden, die einem zusetzten, wenn man die Qualen und Leiden anderer Kameraden mitansehen mußte, wenn der eine nackt ausgeprügelt wurde, der andere mit Haselnußruten so lange über den Kopf geschlagen wurde, bis er umtorkelte, der dritte erschossen und dann allen Häftlingen beim Appell als abschreckendes Beispiel gezeigt wurde, oder wenn man einen Kameraden buchstäblich ‚verrecken' sehen mußte, wenn man die Schmerzens- und Verzweiflungsschreie hörte und mitansehen mußte, wie ein alter Mann mit 85 Jahren von jungen HJ-Bengeln mit Gewehren bewaffnet zur Arbeit getrieben wurde, usw."

Jeder Deutsche, der in jener Zeit erwachsen war, muß sich mit seiner eigenen Vergangenheit auseinandersetzen. Die deutschen Antifaschisten haben in den Lagern durch ihre Solidarität manche Härte abwenden können und der Welt bewiesen, daß Deutscher zu sein nicht einfach mit den Nationalsozialisten gleichzusetzen war.

Über diese Zeit zu schreiben und zu reden, bedeutet nicht das eigene Nest zu beschmutzen. Im Gegenteil, es ist die Voraussetzung, damit wir unser Nest reinigen können von all den Überbleibseln dieser Zeit. Es ist auch die Voraussetzung, daß die Neofaschisten, ganz gleich, mit welcher „demokratischen Verpackung" sie ihren Ungeist tarnen, in der Bundesrepublik jemals wieder zur Macht kommen.

„Es ist Zeit, daß ein freiheitlich-demokratisches Deutschland unsere Geschichte bis in die Schulbücher anders schreibt . . . Nichts kann uns daran hindern, in der Geschichte unseres Volkes nach jenen Kräften zu spüren und ihnen Gerechtigkeit widerfahren zu lassen, die dafür gekämpft haben, daß das deutsche Volk politisch mündig und moralisch verantwortlich sein Leben und seine Ordnung selbst gestalten kann!"

Diese Worte des Bundespräsidenten Gustav Heinemann bei der Schaffermahlzeit 1970 in Bremen verpflichten uns alle, mitzuarbeiten an der Bewältigung unserer verhängnisvollen Vergangenheit, damit wir die Zukunft meistern.

Der Heuberg

Das erste Konzentrationslager in Württemberg

Das erste Konzentrationslager in Württemberg wurde auf dem Truppenübungsplatz Heuberg bei Stetten am kalten Markt errichtet. Schon der Beiname „am kalten Markt" für das kleine Dorf auf der Schwäbischen Alb gibt auch dem Ortsunkundigen einen Begriff, unter welchen harten klimatischen Bedingungen die Häftlinge leben mußten. Über dieses Lager berichtete 1933 die Stuttgarter Zeitung „Schwäbischer Merkur" * nach einer Besichtigung:

„Der Polizeipräsident Klaiber informierte die Presse, daß das Württ. Landeskriminalamt schon seit längerer Zeit vorgesehen hatte, zu gegebener Zeit die kommunistischen Funktionäre auf einen Schlag festzunehmen. Ein telegrafisches Stichwort genügte auch, um zur selben Stunde etwa 500 Funktionäre zu verhaften. Auch eine zweite Welle von Festnahmen war längst vorgesehen ... Da die Gefängnisse nicht ausreichten, mußte ein Konzentrationslager geschaffen werden. Man hatte verschiedene Plätze vorgesehen, entschied sich dann für den Heuberg."

Bei der Besichtigung wurden die Pressevertreter von dem Lagerkommandanten, SA-Sturmführer Major a. D. Kaufmann aus Stuttgart, empfangen, ferner von Polizeioberleutnant Müller und Oberleutnant a. D. Karl Buck.

„Das Schutzhaftlager nimmt nur einen kleineren Teil des Lagers in Anspruch, nämlich zehn Bauten. In den Bauten liegen gegenwärtig genau 1902 Häftlinge und in vier Gebäuden 500 Mann SA-Hilfspolizei und 65 Schupoleute. Die Gebäude sind ringsum durch Stacheldraht abgesperrt."

Den Pressevertretern wurde noch mitgeteilt, daß die Gefangenen auch Pakete erhielten. Der „Schwäbische Merkur" schrieb darüber: „Eß- und Rauchwaren dürfen den Gefangenen nicht geschickt werden. Dabei bekommen die Häftlinge oft ganze Körbe voll mit Brot, Hartwurst, Butter, Käse, Eier und auch Wein zugeschickt. Diese Eßwaren werden aber aus den Paketen herausgenommen und unter die beim Arbeitsdienst Beschäftigten als besondere Zulage verteilt."

Von einer solchen Sonderzulage haben die Häftlinge allerdings nichts bemerkt. Die aus den Paketen gestohlenen Eßwaren verschwanden spurlos in den SA-Unterkünften.

Der „Schwäbische Merkur" berichtete weiter:

„Mit der Behandlung waren alle zufrieden. Auch die Qualität des Essens wurde anerkannt, wenn auch manche mehr Quantität wünschten ... Andere Häftlinge zeigten verbitterte, unnahbare Mienen. Das war vor allem

* „Schwäbischer Merkur", Stuttgart, 15. April 1933.

im Bau 19 festzustellen, wo die sozialdemokratischen und kommunistischen Funktionäre sitzen. Das Lager beherbergt sehr viele Intellektuelle, Abgeordnete, Stadträte, Lehrer usw."

Zum Schluß bemerkte der „Merkur":

„Weibliche Häftlinge gibt es auf dem Heuberg nicht. Diese befinden sich in Gotteszell, wohin von Stuttgart vom Frauengefängnis im Kasernengängle etwa 40 Schutzhäftlinge gebracht worden sind."

Dieser Bericht zeigt deutlich, wie die Presse bereits gleichgeschaltet war. Man versuchte die Schutzhaft als eine Art Zwangsurlaub darzustellen. Die angegebene Zahl der Inhaftierten gibt ein verzerrtes Bild; das Lager Heuberg war zeitweise mit weit über 2000 Mann belegt. Entlassungen, Verlegungen und Neueinlieferungen lösten sich dauernd ab, so daß eine genaue Zahl der Inhaftierten nicht vorliegt. Übereinstimmende Schätzungen ehemaliger Schutzhäftlinge sprechen von insgesamt 15 000 Verhafteten.

In den Märztagen 1933 wurden die Verhafteten durch Beleidigungen, Entwürdigungen, Drohungen und Mißhandlungen zur Verzweiflung gebracht. Man könnte Bände füllen, wollte man all die Scheußlichkeiten aufzählen, die im Lager Heuberg begangen wurden. Dafür stehen hier einige Beispiele, die von ehemaligen Häftlingen des Schutzhaftlagers Heuberg niedergeschrieben sind.

Am 9. März 1933 fand in Stuttgart die von langer Hand vorbereitete Razzia nach Funktionären der Kommunistischen und der Sozialdemokratischen Partei statt. Alle Verhafteten wurden in die ehemalige Reithalle in der Neckarstraße eingeliefert und dann mit Lastwagen auf den Heuberg transportiert. Im Vergleich zu dem, was später geschah, waren die ersten Tage auf dem Heuberg noch erträglich. Man war eben interniert und wurde von Polizeibeamten bewacht. Das änderte sich aber schlagartig, als Ostern 1933 die SA unter dem neuen Kommandanten Karl Buck die Alleinherrschaft übernahm.

In Baden verblieben die ersten Schutzhäftlinge bis zum 29. Mai 1933 in den Untersuchungsgefängnissen. Doch war es in Baden nicht anders als im ganzen Reich. Die Verhaftungswelle ebbte nicht ab, und die Gefängnisse waren überall bald überfüllt. Allein im Mannheimer Untersuchungsgefängnis „Schloß" und dem Landesgefängnis wurden weit über 100 Schutzhäftlinge festgehalten. Den Ausweg fand das badische Innenministerium mit der „Verschubung" — wie es im Amtsdeutsch genannt wurde — aller Schutzhäftlinge in das württembergische Schutzhaftlager Heuberg.

In einem Brief des Innenministeriums vom 24. Mai 1933 an die Bezirksämter und Polizeidirektionen * heißt es u. a.:

* Dieser Brief wie auch andere zitierte Dokumente haben dem Verfasser im Original bzw. in beglaubigten Abschriften vorgelegen.

„Die von den Polizeibehörden für das neue Schutzhaftlager Heuberg ausgewählten Schutzhäftlinge sind am Montag, dem 29. Mai 1933, nach dem unter württembergischer Leitung stehenden Sammellager Heuberg zu verbringen. Das Polizeipräsidium Mannheim wird beauftragt, wegen der Verschubung ... die weiteren Verhandlungen zu führen ...

Auf die einzelne Polizeibehörde entfällt folgende Zahl von Schutzhäftlingen:

Adelsheim	1	Baden-Baden	4
Bruchsal	2	Bühl	3
Emmendingen	1	Freiburg	5
Heidelberg	7	Karlsruhe	20
Lahr	3	Offenburg	2
Mannheim bis zu	100	Rastatt	8
Pforzheim	9	Schopfheim	5
Säckingen	2	Lörrach	7
Staufen	1	Villingen	4
Waldshut	1	Wolfach	1

Die genaue Zahl der nach dem Heuberg verbrachten Schutzhäftlinge ist hierher mitzuteilen.

Im Auftrag:
gez. Dr. K. Bader"

Die Mannheimer Schutzhäftlinge wurden am 29. Mai 1933 morgens um 5 Uhr zu einem Sammeltransport von Neckarau mit zwölf Polizeiwagen nach dem Heuberg gebracht. Diesem ersten Transport von 129 Häftlingen gehörten u. a. an:

Paul Schreck, KPD-Reichstagsabgeordneter, nach 1945 Gewerkschaftssekretär in Mannheim;

Walter Chemnitz, KPD-Reichstagsabgeordneter aus Lörrach;

Karl Stetter, Reichsbannerführer (verstorben im Lager Heuberg);

Max Bock, KPD-Landtagsabgeordneter aus Heidelberg, nach 1945 erster Arbeitsminister in Württemberg-Baden;

Josef Heid, Polizeioberleutnant in Mannheim.

Gegen 22 Uhr kam der Transport auf dem Heuberg an. Wie bei allen Neuzugängen versuchte die SA-Mannschaft die Mannheimer einzuschüchtern. Die Befehle „Hinlegen!", „Aufstehen!", „Im Laufschritt, marsch, marsch!", „Das Ganze zurück!" usw. wurden so lange erteilt, bis einige buchstäblich zusammenbrachen. Als der Kommandant Buck dann noch den Schutzhäftling Rimmele verprügelte, mischte sich der Transportleiter, Polizeihauptmann Trompetter, ein und erklärte: „So geht es nicht, Gefangene mißhandelt man nicht." Die Antwort von Karl Buck war sehr klar und zeigte dem Polizeioffizier, was unter dem neuen Recht zu verstehen sei. Buck schrie ihn an: „Wenn Sie nicht ruhig sind, bleiben Sie auch gleich hier!"

Alle Mannheimer kamen in den Strafbau 19. Dort wurden sie die Treppe hinauf- und hinuntergejagt. Als der Schutzhäftling Willi Hunsinger für die Begriffe der SA-Mannschaft zu langsam ging und sich dabei noch einmal umdrehte, wurde er brutal zusammengeschlagen und drei Tage auf den „Speicher" gesperrt. Der „Speicher", direkt unter den Dachziegeln, war eine Art Hundehütte, in die die Häftlinge kriechen mußten.

Kommandant Karl Buck

Karl Buck, der für seine späteren Verbrechen als Kommandant im Konzentrationslager Schirmeck im Elsaß von einem französischen Gericht dreimal zum Tode verurteilt, aber bereits 1955 den westdeutschen Behörden übergeben und von diesen freigelassen wurde, berief sich wie alle an den Verbrechen des Dritten Reiches Beteiligten auf „Befehlsnotstand", auf „Gedächtnislücken" oder andere erfundene Ausreden.

Die faschistischen „Helden", die während ihrer Herrschaftszeit kaltblütig Millionen Menschen verhungern ließen, sie erhängten, erschlugen oder vergasten, die bereit waren, nach dem militärischen Sieg ganze Völker zu versklaven und auszurotten, versuchten nach der Niederlage sich feige jeder Verantwortung zu entziehen.

So sagte Karl Buck als Zeuge vor der II. Entschädigungskammer des Landgerichts Stuttgart am 28. Oktober 1955 folgendes aus:

„Solange ich Leiter in Welzheim war, erinnere ich mich nur an einen einzigen Todesfall und in diesem Fall haben die Angehörigen die Leiche abgeholt. Außerdem ist noch der Selbstmord eines Häftlings namens Bechtle vorgekommen..."

„Es stimmt nicht, daß in Welzheim nur Politische gewesen sind, sondern wir hatten z. B. auch Polen. Außer den Polen haben wir in Welzheim noch sonstige Asoziale gehabt."

„Neuzugänge habe ich mir vorführen lassen und habe sie angehört... bei dieser Gelegenheit sind keine Mißhandlungen vorgekommen, d. h. ich habe gehört, daß Eberle hie und da Ohrfeigen gegeben hatte. Ich habe daraufhin Eberle zurechtgewiesen."

Soweit Auszüge aus dem Gerichtsprotokoll.

In seiner rassistischen Überheblichkeit scheute sich Karl Buck nicht, zehn Jahre nach der totalen Niederlage des Nationalsozialismus, die polnischen Häftlinge zu beleidigen und sie in einem Atemzug mit Asozialen zu nennen. Hermann Eberle, den Buck für alle Verbrechen verantwortlich machen will, war Stellvertreter des Kommandanten Karl Buck auf dem Kuhberg und in Welzheim. Er und seine anderen Komplicen konnten in den beiden Lagern nichts unternehmen ohne den Befehl oder die Duldung ihres Kommandanten. Aber Eberle hat sich während seines Spruchkammerverfahrens im Jahr 1949 in Schorndorf erhängt und kann nicht mehr zur Verantwortung gezogen werden. Die ehemaligen Lagerinsassen widerlegen damalige Presseberichte und überführen Karl Buck der Lüge.

Der ehemalige Häftling Wilfred Acker berichtet:

„Vor unserem Fenster sah ich einige mir bekannte Kameraden, und wir winkten uns zu. Das genügte dem neuernannten Karl Buck, mich bei Wasser und Brot in den Arrest zu werfen. Ein Bett oder wenigstens eine Pritsche gab es nicht. Man mußte auf dem blanken Zementboden schlafen, eine Gelegenheit, seine Notdurft zu verrichten, war ebenfalls nicht vorhanden. Unter diesen Bedingungen hat sich mancher für sein ganzes Leben einen Knacks geholt."

Ein besonderes Vergnügen bereitete es den SA-Rowdies, den Häftlingen Angst einzujagen. So kam eines Abends im KZ Heuberg der SA-Mann Sabatier mit gezogener Pistole in den Bau 19 und drohte uns alle zu erschießen, weil jemand aus dem Fenster geschaut habe. Seine Begleitmannschaft blieb unter der Tür stehen und entsicherte ihre Karabiner. Nachdem Sabatier sich ausgetobt hatte, verließen sie unter Gebrüll „Wir kommen wieder — dann Gnade euch Gott" den Raum. Solche Auftritte gab es auf dem Heuberg jeden Tag.

Ende September 1933 wurde eine Gruppe ehemaliger Landtagsabgeordneter, Stadträte, Beamter, Lehrer und ehemaliger Funktionäre der KPD und der SPD in den Hof getrieben und mit viel Geschrei und Prügel im Laufschritt in den ca. 300 Meter entfernten Bau 23 gejagt. Bau 23 gehörte nun wie Bau 19 zu den Strafbauten. Hier angekommen, mußten die Häftlinge stundenlang mit dem Gesicht zur Wand stehen. Die SA-Bewachung fand ihren Spaß daran, die Köpfe der Gefangenen von hinten an die Wand zu stoßen, bis ihre Gesichter zerschunden waren und bluteten. Unter diesen Gefangenen waren auch der kommunistische Landtagsabgeordnete Albert Fischer aus Metzingen und der sozialdemokratische Reichstagsabgeordnete Dr. Kurt Schumacher. Häftlinge, die wegen einer Geringfügigkeit aufgefallen waren, z. B. wegen „schlechtem Fallenbau", „schlechter Haltung beim Antreten", oder einer sonstigen Kleinigkeit, die einem SA-Wachmann als Widersetzlichkeit erschien, mußten den Kopf in das Feuerloch des Ofens stecken und bis zu 50mal in den Kamin rufen: „Ich bin ein roter Hund." Brach der Delinquent zusammen, wurde er mit einem Kübel Wasser übergossen und die Tortur begann von neuem.

Die übliche Lagerstrafe, tagelanges Einsperren auf dem „Speicher" bei halber oder ganz ohne Kost, die Abkommandierung zu einer besonders schweren Arbeit im Steinbruch, beim Straßenbau oder zu besonders schmutziger Arbeit, vor allem dem Entleeren der Latrinen, geschah immer auf Befehl des Kommandanten Buck.

Der Schutzhäftling Gustel Sontheimer aus Stuttgart-Bad Cannstatt wurde dem Latrinenkommando oft zugeteilt. Er reagierte darauf auf seine besondere Art.

Um seine Autorität gegenüber den ihm unterstellten SA-Leuten zu heben, trug der Lagerkommandant stets das Eiserne Kreuz erster Klasse aus dem Ersten Weltkrieg. Sontheimer ließ sich mit einem Wäschepaket seine Kriegsorden schicken, die ihm auch ausgehändigt wurden. Beim nächsten Latrinenleeren erschien der als Vaterlandsverräter beschimpfte Schutzhäftling ebenfalls mit dem EK I und dazu mit der goldenen Militärverdienstmedaille, der höchsten württembergischen Kriegsauszeichnung.

Der Kommandant schnaubte vor Wut und befahl Sontheimer, die Orden sofort abzulegen. Doch Sontheimer erwiderte sarkastisch: „Der Führer hat erklärt, der Dank des Vaterlandes für alle Kriegsteilnehmer ist im Dritten Reich jedem gewiß und die Tapferkeitsauszeichnungen sind wieder in Ehren zu tragen."

Der Kommandant zwang Sontheimer, seine Kriegsauszeichnungen umgehend wieder nach Hause zu schicken. Die Latrinen mußte er weiter ohne geschmückte Brust entleeren. Auch später, in Dachau und in anderen Lagern, wurde bei der Zusammenstellung der Invalidentransporte nicht danach gefragt, wo der einzelne sein Bein oder seinen Arm verloren hatte. Als unnötiger Esser kam er auf Transport. Der „Dank des Vaterlandes" war oftmals die Gaskammer.

Reichstagsabgeordneter Rossmann berichtet

Am 23. Juni 1933 wurde der Vorsitzende der württembergischen Sozialdemokratie, der Reichstagsabgeordnete Erich Rossmann, in seiner Stuttgarter Wohnung verhaftet und im Polizeigefängnis in der Büchsenstraße zehn Tage festgehalten. Zusammen mit dem sozialdemokratischen Landtagspräsidenten Albert Pflüger und dem Landtagsabgeordneten Johannes Fischer von der Demokratischen Partei wurde er auf dem Heuberg eingeliefert. Mit ihnen kam auch ein Sammeltransport von etwa 60 Kommunisten aus Esslingen im Lager an. Dort war einige Tage zuvor das von den Nazis beschlagnahmte Waldheim auf dem Zollberg abgebrannt. Kurzerhand wurden wahllos bekannte Arbeiterfunktionäre als „Brandstifter" verhaftet und ohne Klärung der Schuldfrage auf den Heuberg gebracht.

Auf dem Heuberg angekommen, wurden die 60 Kommunisten von den drei Stuttgartern abgesondert und in die Baracken geführt. Rossmann, Pflüger und Fischer mußten ungefähr eine Stunde in der Wachstube warten, bis die gesamte Wachmannschaft der SA versammelt war. Dann ging es auf den etwa 1 km langen Weg zum Block 23 durch ein Spalier der johlenden, schimpfenden und fluchenden SA-Meute.

Doch lassen wir Erich Rossmann über den Einzug in das Barackenlager selbst sprechen. In seinem Buch „Ein Leben für Sozialismus und Demokratie" * schreibt er:

---

* Erich Rossmann: Ein Leben für Sozialismus und Demokratie, Rainer Wunderlich Verlag, Tübingen 1946.

„Bei den Insassen des Lagers handelte es sich um mindestens 95 Prozent der Fälle um wirklich politische Häftlinge. Zwei Drittel mögen Kommunisten, ein Drittel Sozialdemokraten gewesen sein. Unsere Ankunft im Lager war in sensationeller Weise angekündigt. Es wurden am Tage vor unserer Einlieferung förmliche Stubenversammlungen abgehalten, die den Zweck verfolgten, vor allem die kommunistischen Häftlinge zu Demonstrationen und Tätlichkeiten gegen uns aufzustacheln. Gefangenen, die sich besonders hervortun würden, war die alsbaldige Entlassung in Aussicht gestellt worden. Wir wurden nun unseren Leidensgenossen vorgestellt. Die Vorstellung begann jedesmal mit den Worten: ‚Hier sind Eure Bonzen, der Landtagspräsident Pflüger und der Direktor Rossmann und der Schriftsteller Fischer, denen ihr es zu verdanken habt, daß ihr auf dem Heuberg sitzt. Für jeden von ihnen erhalten fünf von euch die Freiheit.' Der erwartete Effekt blieb jedoch aus. Daß die Sozialdemokraten sich gegen uns als ihre Kameraden nicht aufhetzen ließen, war selbstverständlich. Die Kommunisten hatten unter sich vereinbart, sich von den SA-Banditen nicht gegen uns mißbrauchen zu lassen."

Soweit der Bericht von Erich Rossmann. Diese Prozedur dauerte etwa zwei Stunden. Von Bau zu Bau, von Stube zu Stube wurden die drei Neuankömmlinge mit Beschimpfungen, Fußtritten und Faustschlägen getrieben. Als Krone der gewollten Erniedrigung drückte man den drei gequälten, bespuckten, mit Straßendreck überzogenen Männern je einen Brennesselstrauß in die Hand. Aber auch diese Gemeinheit half nichts. Die Häftlinge ließen sich nicht aufwiegeln, sondern brachten ihre Sympathie offen zum Ausdruck. Gregor Gog, der Anführer der „Bruderschaft der Vagabunden", trat plötzlich aus der Reihe der Häftlinge hervor, riß ihnen die Brennesselsträuße aus den Händen und warf sie den verdutzten SA-Peinigern vor die Füße. Daraufhin eisiges Schweigen — und die verdutzte SA-Mannschaft verließ wortlos den Raum. Die Solidarität der Häftlinge hatte ihren Bewachern eine Abfuhr erteilt.

Erich Rossmann berichtet über diesen Vorgang weiter:

„Es war inzwischen 20 Uhr geworden. Seit vierzehn Stunden war ich auf den Beinen. Durchnäßt, von oben bis unten, beschmutzt, zitternd vor Kälte und Hunger saß ich im Dämmerschein in der nüchternen Stube. Seit sechsundzwanzig Stunden war keine Mahlzeit verabreicht worden. Hier war das Nachtessen schon vorüber. Einen Augenblick wollten meine Nerven versagen. Ich war am Zusammenbrechen. Als die kommunistischen Kameraden es bemerkten, nahmen sie sich meiner mit rührender Fürsorge an. Von den kärglichen Vorräten reichte mir der eine einen Schluck Kaffee, der andere ein Stück Brot, der dritte eine Messerspitze Butter, der vierte einen Rest von Käse. Der Älteste von ihnen, ein Schreinergeselle aus Stuttgart, der mich noch aus der Zeit kannte, da ich, 30 Jahre zuvor, als Neunzehnjähriger in die Sozialdemokratie eingetreten war, hatte mir das Bett gemacht. Ich bestieg es sofort. Vor dem Einschlafen mußte ich die feuchten Augen trocknen."

Nackt in der Hundehütte

Der Schutzhäftling Willi Hunsinger wurde in Mannheim zu sechs Wochen Gefängnis verurteilt. Er gehörte dem „Roten Frontkämpferbund" (RFB) an. Da Hunsinger weder bei den polizeilichen Vernehmungen noch in der Hauptverhandlung die Namen der RFB-Führer bekanntgab, ist er auf dem Heuberg mit den üblichen Gestapomethoden „bearbeitet" worden. Als er auch hier jede Aussage mit der Begründung „Ich bin schon verurteilt und habe meine Strafe abgesessen" verweigerte, wurde er zuerst verprügelt und dann auf den „Speicher" gebracht. Dies geschah im Oktober, wo es auf dem Heuberg schon bitter kalt ist. Bevor er in die sogenannte „Hundehütte" gestoßen wurde, mußte er sämtliche Kleider ablegen. Drei Tage und drei Nächte verblieb er bei der grimmigen Kälte auf dem „Speicher". Alle zwei bis drei Stunden kam ein SA-Mann und fragte: „Willst du endlich aussagen?" Am dritten Tag bat Hunsinger um einen Schluck Wasser. Der SA-Mann Ludwig brachte ihm daraufhin einen Salzhering. Als Hunsinger den Hering auf den Boden warf, wurde er von dem SA-Mann angebrüllt: „So, jetzt kommst du in den Steinbruch und wirst erschossen!"

Gegen Abend bekam er dann seine Kleider wieder und wurde die Treppe hinuntergejagt. Vor seiner Stube fragte ihn Ludwig: „Wenn du jetzt in die Stube gehen darfst, wirst du sagen, daß du geschlagen worden bist?" Hunsinger berichtet selbst: „Ich sagte: ‚Nein.' Ich konnte das erklären, denn wenn ich mein Hemd ausziehe, sehen die Kameraden sowieso die blauen Flecken am Körper. So geschah es auch. Die sichtbaren Spuren meiner Mißhandlung riefen unter den 40 Kameraden meiner Stube helle Empörung hervor." *

Der Mord an Laibowitsch

Der Kamerad Simon Laibowitsch aus Eberbach/Neckar war Jude, und das war für die SA-Meute Grund genug, ihn einer „Sonderbehandlung" zu unterwerfen. Laibowitsch war nicht besonders kräftig und erkrankte bereits auf dem Transport von Heidelberg nach Konstanz. Der Arzt im Polizeigefängnis in Konstanz untersuchte ihn jedoch nicht, sondern gab ihm nur einige Beruhigungspillen und schickte ihn dann weiter auf den Heuberg. Dort kam er mit weiteren Verhafteten am 7. September 1933 an. Mit dem üblichen Geschrei wurden sie vom Kommandanten Buck empfan-

---

* Wie viele andere Antifaschisten setzte später auch Willi Hunsinger seine Widerstandsarbeit fort. Darüber berichtet aus den Kriegsjahren Fritz Salm: ,Im Schatten des Henkers. Vom Arbeiterwiderstand in Mannheim gegen faschistische Diktatur und Krieg. Röderberg-Verlag, Frankfurt/Main 1973, S. 211/212.

gen, der sie mit dem Befehl: „Im Laufschritt mit den roten Hunden!" in den Block 19, den Strafblock, treiben ließ.

Laibowitsch konnte jedoch nicht so schnell laufen und stürzte mehrmals zu Boden. Die SA-Begleitung traktierte ihn mit den abgenommenen Koppeln und Fußtritten. Übel zugerichtet kam er viel später als seine Kameraden im Bau 19 an. Bei dem anschließenden Verhör wurde er weiter mißhandelt, so daß er von zwei Kameraden mehr getragen als geführt in dem zugewiesenen Haftraum ankam.

Nachmittags mußten die neuangekommenen Häftlinge auf dem Hof antreten, um Brennholz auf den Speicher zu schaffen. Der Lagerkommandant Buck kontrollierte persönlich diese Arbeit und befahl, daß die vollen Körbe und Eimer im Laufschritt wegzutragen seien. Als ihm durch den SA-Wachtmeister gemeldet wurde, daß Laibowitsch krank auf dem Zimmer geblieben war, befahl er sofort: „Raus mit dem Saujuden."

Laibowitsch wurde nun von zwei SA-Leuten in den Hof geschleppt. Er sollte zwei Eimer Holz auf den Speicher tragen. Dabei brach er zusammen. Anstatt einen Arzt zu rufen, beschimpfte Buck den am Boden liegenden Häftling als Faulpelz, Simulanten und dreckiges Judenschwein, das erst einmal gründlich gewaschen werden müsse. Dieser Befehl wurde sofort und mit sichtlich sadistischer Wollust von den SA-Leuten ausgeführt. Man riß ihm den Rock und das Hemd vom Leibe, schleppte ihn zu einem mit Wasser gefüllten Brunnentrog. Zwei Mann hoben ihn hoch und tauchten ihn ins kalte Wasser, während zwei andere ihn mit groben Wurzelbürsten so lange bearbeiteten, bis er bewußtlos war.

Wie alle Neuzugänge wurde er am Abend dem Lagerarzt vorgeführt. Von zwei Kameraden mußte er in die Revierstube getragen werden. Der Arzt, der schon manches gewohnt war, rief entsetzt aus: „Mensch, wer schickt denn Sie auf den Heuberg, was hat man mit Ihnen gemacht?"

Von dieser Untersuchung kehrte Laibowitsch nicht mehr in den Bau 19 zurück. Am anderen Morgen holte ein SA-Mann seine Habseligkeiten ab. Laibowitsch war an inneren Verletzungen verstorben. Ohne Angaben der Todesursache ist Laibowitsch am 9. September 1933 beim Standesamt in Stetten a. k. M. als verstorben eingetragen.

Seine Frau erfuhr erst sieben Monate später, daß ihr Mann auf dem Heuberg verstorben war.

Auflösung des KZ Heuberg

Im Zuge der militärischen Aufrüstung wurden die Gebäude, in denen die Schutzhäftlinge auf dem Truppenübungsplatz Heuberg untergebracht waren, von der Reichswehr zurückgefordert. Die Geheime Staatspolizei bekam für ihr Konzentrationslager zwei andere Objekte zugewiesen. Die württembergischen Häftlinge kamen in das alte Festungswerk auf dem Oberen Kuhberg bei Ulm und die Badischen in das frühere Arbeitslager für Jugendliche auf dem Staatlichen Hofgut Ankenbuck bei Bad Dürrheim.

24

24

S c h u t z h a f t - l a g e r   H e u b e r g !

A u s w e i s .

Der am ....5.5.99... zu ...Berlin............. geborene,

in .Vaihingen............. wohnhafte ledige - xxxxxxxxxx -

xxxxxxxxxxx .Adolf..H.o.f.m.a.n.n....... Beruf: Schriftsetzer

ist am .... als Schutzhäftling auf das Schutzhaftlager

Heuberg eingezogen worden. Auf Grund der Verfügung vom heuti-

gen Tage wird er unter folgenden Bedingungen entlassen:

1.) "r hat sich alle 3 Tage woohentlixxxxxxxxxxxxxxx. (Polizeiamt)
beim zust. Polizeimeldeamt.. zu melden. erstmals am Tage seiner
Entlassung aus der Haft
2.) "r hat bei der Oberamtskasse in .... eine Kau-
tion in Höhe von .... RM zu stellen.

3.) "r hat folgende Personen, die vom zuständigen Sonderkommis-
sar anerkannt sind, als Bürgen zu stellen:

   1.
   2.

Diese Personen haben eine Burgschaftsurkunde unterschrieben,

wonach sie sich verpflichten, als selbstschuldnerische Bürgen

an den Fiskus des Landes Württemberg, z.Hd. der Oberamtskasse

in .... RM zu bezahlen für den Fall,

dass der entlassene Schutzhäftling sich irgendwelche Aeusse-

rungen oder Betätigungen gegen die deutsche Bewegung oder die

Regierung des Reiches oder der einzelnen Länder zu schulden

kommen lässt.

Heuberg, den 19. 7.33t........

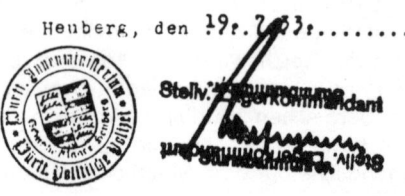

Gotteszell

Erstes Konzentrationslager für Frauen

Im vorigen Jahrhundert hatten die Justizverwaltungen eine besondere Vorliebe für leerstehende Klöster. Ohne größere Umbauten konnten diese festen Gebäude in Gefängnisse verwandelt werden. Auch das alte Kloster „Gotteszell" bei Schwäbisch Gmünd wurde zu einem Frauengefängnis umgebaut. Den dort inhaftierten Frauen schien dieser Ort allerdings mit einer friedlichen Zelle Gottes wenig zu tun zu haben. Während der Naziherrschaft 1933—1945 machten die meisten Stuttgarter politischen Gefangenen ihre erste Bekanntschaft mit der Gestapo zunächst in dem ehemaligen Kloster in der Büchsenstraße, kurz „Büchsenschmiere" genannt, oder in der Stadtdirektion. Von diesem Ort sei hier nur der unvorstellbare Schmutz und Dreck vermerkt sowie die Legionen Wanzen, die jedem Häftling die Nacht zur Hölle machten. Mancher Häftling wurde hier von der sonst in Stuttgart kaum auftretenden Krätze-Krankheit angesteckt. Gegen Ende des Krieges wurde dieser Schandfleck in einer der schweren Bombennächte zerstört.

In Stuttgart wurden Anfang März 1933 alle Frauen, über die die Nazis die Schutzhaft verhängten, im Frauengefängnis im Kasernengängle konzentriert. Dank dem anständigen Verhalten des Polizeiwachtmeisters Nauer verbrachten dort die Frauen die ersten Wochen ihrer Schutzhaft unter verhältnismäßig ordentlichen Bedingungen. Trotzdem empfanden es die verhafteten Frauen als eine bittere Ironie, als in einer Versammlung der NSDAP im Hof der Rotebühlkaserne der SS-Führer Jagow sagte: „Das Dritte Reich ist angebrochen, alle Not und aller Jammer hat nun ein Ende." Diese Phrase wurde bei den Gefangenen zum geflügelten Wort und zur Aufmunterung immer wieder zitiert, wenn die Stimmung besonders gedrückt war. Die politisch inhaftierten Frauen verstanden darunter allerdings etwas ganz anderes als der SS-Führer.

Ende März 1933 mußten dann die inhaftierten Frauen ihre Sachen packen. Mit zwei Polizei-Lkw wurden sie nach Gotteszell transportiert. Hier wurden 54 Frauen in zwei viel zu kleinen Schlafräumen interniert. Ein weiterer Raum diente für den Tagesaufenthalt. Die Frauen hatten noch einmal Glück in ihrem Unglück. Der Anstaltsdirektor, Regierungsrat Henning, war ein Beamter alter Schule. Er behandelte die Schutzhäftlinge nicht wie Kriminelle und erlaubte ihnen, sich Wolle schicken zu lassen. Mit Stricken und Häkeln, mit Schachspielen und Vorlesungen aus Büchern der Gefängnisbücherei durften sie so ihren Aufenthalt leidlich gestalten.

Die rote Fahne

Am 1. Mai 1933 waren die Frauen in bester Stimmung. Sie wußten, daß an diesem Tag Arbeiter in aller Welt gegen den Hitlerfaschismus und für die Freilassung der politischen Gefangenen in Deutschland demonstrierten. Vor dem Frühstück schmückten sie schnell den Tisch mit einem allerdings schon etwas verwelkten Blumenstrauß, den eine Kameradin einige Tage zuvor beim Besuch erhalten hatte. Ein roter Stoff ersetzte die rote Fahne. Leise summten die Frauen dazu:

> „Und sperrt man mich ein in finsteren Kerker
> sind alles doch rein vergebliche Werke
> denn meine Gedanken zerreißen die Schranken
> und Mauern entzwei — die Gedanken sind frei."

Trotz aller Vorsicht blieb diese kleine Feier nicht geheim. Die Gefängnisverwaltung erfuhr davon und wollte die rote Fahne haben. Alle Räume wurden durchsucht, die Betten und Schränke durchwühlt, aber nirgends war das staatsgefährliche rote Tuch zu finden. Darauf wurden alle Frauen einzeln verhört, aber keine wußte etwas von einer roten Fahne. Zum Schluß kam die Drohung. Sechs Aufsichtsbeamte kamen in den Aufenthaltsraum, in dem alle Häftlinge antreten mußten, und verlangten die Herausgabe der Fahne, andernfalls alle mit einer Hausstrafe zu rechnen hätten. Schweigend verharrten die Frauen. Plötzlich sprang die Kameradin Lotte Weidenbach auf den Tisch, hob den Rock hoch und zeigte ihren roten Unterrock mit dem Ruf: „Das ist unsere rote Fahne!" Die verdutzten Beamten verließen darauf wortlos den Raum.

Besuch von Frau Elly Heuss-Knapp

Jedes Zeichen von Sympathie gab den Häftlingen neue Kräfte, um der Ungewißheit der Haft begegnen zu können. So erinnern sich die ehemaligen politischen Häftlinge von Gotteszell mit besonderer Dankbarkeit eines Besuches von Frau Elly Heuss-Knapp. Eine persönliche Freundschaft der Familie Heuss mit dem damaligen Anstaltsdirektor, Regierungsrat Henning, ermöglichte diesen rein privaten Besuch. Im Sommer 1933 gehörte schon viel Mut dazu, seine Sympathie mit den Gegnern des Nationalsozialismus so offen zu zeigen. Nach einer kurzen Begrüßung sagte Frau Heuss-Knapp: „Ich finde es unerhört, daß ihr hier wegen eurer Überzeugung eingesperrt seid." Als eine der inhaftierten Frauen darauf sagte: „Das müssen Sie draußen erzählen", machte sie resigniert die Bemerkung: „Oh, ihr lieben Frauen, ihr wißt ja gar nicht mehr, wie es draußen steht, vielleicht gehör' ich auch bald zu euch."

Zwar blieb Frau Elly Heuss-Knapp auch später von der Schutzhaft verschont, doch mußten Hunderte andere Frauen aus Baden und Württemberg den grausamen Weg in die großen Konzentrationslager für Frauen, Moringen, Lichtenburg bei Torgau und später Ravensbrück, gehen.

Die Frauen in Gotteszell erhielten 1933 noch einen Besuch. Der Gauleiter der Nazipartei Murr kam mit großem Gefolge. Er fragte einige Frauen, deren Männer ebenfalls in Schutzhaft waren: „Warum seid ihr hier?" Als er zur Antwort bekam: „Weil ich Zeitungen ausgetragen habe", oder: „Ich weiß nicht", wollte er nichts mehr wissen. Doch dieser Besuch hatte noch ein Nachspiel. Der Regierungsrat Henning wurde — das war der Eindruck aller Frauen — von seinem Rechnungsrat denunziert. Es war für einen anständigen Beamten im Nazireich schwer geworden, human und gerecht zu bleiben, nachdem dieser Staat das Unrecht legalisiert und das Verbrechen selbst organisiert hatte. Der spätere Direktor Siebert kannte keine Skrupel. Er zog die Zügel stramm und machte keinen Unterschied mehr zwischen kriminellen und politischen Häftlingen. Im Herbst 1933 wurden die Schutzhäftlinge in Gotteszell entlassen, aber viele trafen sich später in anderen Lagern und Gefängnissen wieder.

Der Obere Kuhberg

Das Konzentrationslager in den Kasematten

Festung Ulm an der Donau

Die Stadt Ulm gehört nicht nur zu den ältesten Städten Deutschlands, sie ist auch wegen ihrer Lage eine der ältesten befestigten Niederlassungen. Bereits im fünften Jahrhundert war Ulm ein militärischer Stützpunkt, und seine Geschichte ist voll von Kriegsgeschrei. Als reiche freie Reichsstadt, verkehrsmäßig günstig gelegen, gehörte Ulm bald zu Österreich, dann zu Bayern und seit 1910 zu Württemberg. Schon 1842 wurde Ulm zur Bundesfestung erhoben und mit einem Kranz von 15 Festungswerken umgeben. Das Fort Oberer Kuhberg, erbaut in den Jahren 1848 bis 1857, ist eine der stärksten Befestigungsanlagen dieser Art.

Eine militärische Bewährungsprobe mußte der Obere Kuhberg nie bestehen. Die waffentechnische Entwicklung reduzierte den Wert solcher Anlagen immer mehr. Nach dem Ersten Weltkrieg wurde das Fort Oberer Kuhberg militärisch stillgelegt. Ulm blieb zwar immer Garnisonstadt, aber der Kuhberg besaß nur noch Anziehungskraft für Spaziergänger. Diese Idylle wurde im November 1933 jäh unterbrochen. Das Fort Oberer Kuhberg wurde als neues Konzentrationslager für Württemberg eingerichtet.

Doch zuvor kamen Verfolgte des Naziregimes, Häftlinge vom Heuberg, in das Ulmer Arresthaus.

Garnisonsarresthaus Ulm

Ende Mai 1933 wurden etwa 30 Häftlinge, zum größten Teil kommunistische Funktionäre, vom Konzentrationslager Heuberg in das Garnisonsarresthaus Ulm in der Frauenstraße überführt. Ende September folgte ein zweiter Transport, er bestand vornehmlich aus Sozialdemokraten.

Dieser Personenkreis wurde von der Gestapo mit dem Ziel abgesondert, den Zusammenhalt der Häftlinge zu brechen und sie zu verunsichern. Ihnen wurde von dem Lagerkommandanten Buck angedroht, daß sie im Falle einer Meuterei im KZ Heuberg erschossen würden. Diese Verlegung in das Arresthaus in Ulm galt als Haftverschärfung, die nach den Anordnungen von Buck so aussah: Einzelhaft, keinen Hofgang, keine Schreiberlaubnis, kein Postempfang, nicht rauchen. Doch das Gegenteil trat ein. Die Verwaltung des Militärgefängnisses unterstand dem Polizeioberwachtmeister Gnaier, einem Mitglied der ehemaligen Zentrumspartei. Alle ehemaligen Inhaftierten des Arresthauses erinnern sich mit Dankbarkeit und Hochachtung an ihn. Im Gegensatz zum Heuberg herrschte im Militärgefängnis eine wohltuende Ruhe. Die Bewachung des Militärgefängnisses Ulm erfolgte durch kasernierte Schutzpolizei, die die Häftlinge stets korrekt behandelt hat.

Der Obere Kuhberg

Ende November 1933 wurden vom Konzentrationslager Heuberg die Häftlinge auf zwei offenen Lastwagen nach Ulm gebracht und vor dem Fort Oberer Kuhberg ausgeladen. Die angekommenen Häftlinge hatten weder Sinn noch Zeit für die schöne Aussicht auf das Donautal. Jeder stellte sich die Frage: Unter welchen Bedingungen werden wir weiter in Haft bleiben? Das verwilderte Fort mit seinem dicken Kommandoturm, den Mauern mit den schmalen Schießscharten wirkte düster und verhieß neues Unheil. Hier sollten Menschen überwintern? Die verschlossenen und verrosteten Eisentore konnten nur mühsam geöffnet werden. Ein muffiger, feuchter Modergeruch drang aus den Tiefen der Kasematten. Die Stufen nach unten waren naß und glitschig, man spürte mit jedem Schritt, daß schon lange kein Mensch mehr diese Unterwelt betreten hatte.

Mit dem üblichen Geschrei und mit Fußtritten wurden die Häftlinge in den düsteren Wehrgang hinuntergetrieben. Was sich hier auftat, läßt sich mit Worten kaum schildern. Der Laufgang ist 3,75 Meter hoch, und in regelmäßigen Abständen erweitert er sich zu Räumen von 3,75 mal 3,95 Meter. In diesen Räumen war jeweils eine Schießscharte von 65 mal 15 Zentimeter, die einen Schimmer von Tageslicht, aber auch Ratten, Mäusen und Fledermäusen Einlaß gewährte. In den Gewölben hingen ganze Trauben von Fledermäusen. Ununterbrochen tropfte es von den nackten Steinquadern. Der Lehmboden war aufgeweicht, schlüpfrig und mit Wasserlachen bedeckt. Die Häftlinge waren sich einig: Hier werden wir lebendig begraben.

Der Lageraufbau

Zunächst begann ein grobes Reinemachen. Tropfsteine, Fledermäuse und Spinngewebe wurden ins Freie geschafft. Aus einer Ulmer Kaserne kamen Strohballen, eine Feldküche und Stallaternen. Das Stroh wurde auf den feuchten Lehmboden ausgeschüttet und war für einige Zeit die einzige Liegestatt. Sonst war nichts vorhanden, weder Tisch noch Stühle, kein Ofen zum Heizen, nichts, gar nichts. Die Feldküche mußte unter freiem Himmel aufgestellt werden.

Der Ausbau des Oberen Kuhbergs zu einem auf lange Sicht geplanten Konzentrationslager begann. Zuerst wurden die Unterkünfte für den Kommandanten Karl Buck und die SA-Bewachung hergestellt. Über dem Eingang zu den SA-Räumen stand als Parole der Nationalsozialisten:

„Wir werden hinter Hitler stehen,
und sollt es durch die Hölle gehen."

Dann ging es an den Ausbau der Unterkünfte für die Häftlinge. In den Seitenräumen der Wehrgänge wurden je sieben rohgezimmerte Betten, an den Seitenwänden zwei, in der Mitte drei übereinander aufgestellt. Strohsäcke mit Decken und Überzug vervollständigten die Schlafräume. Zwischen zwei Schlafräumen gab es einen Aufenthaltsraum mit Tischen und Hockern aus ungehobelten Brettern.

Das Außenwerk des Forts Kuhberg, „Gleiselstetten", von den Häftlingen „Panzerkreuzer" genannt, wurde als Eingangsstufe hergerichtet. Hier gab es nicht einmal Tische und Hocker. Arresträume, ein Sanitätsraum, eine Küche und Werkstätten vervollständigten das neue Konzentrationslager. In wenigen Wochen waren die Unterkünfte notdürftig ausgebaut. Die Häftlinge aus dem Arresthaus Ulm wurden nun ebenfalls auf den Kuhberg verlegt und das Lager Heuberg nun völlig aufgelöst. Ein Teil der Heuberg-Häftlinge wurde entlassen, ein anderer Teil in die neuen Haftstätten überführt. Die Badener kamen in die Lager Ankenbuck und Kislau, die Württemberger auf den Kuhberg.

Am 24. Dezember 1933, am Weihnachtsabend, dem Fest, das im ganzen Abendland als das Fest der Liebe und des Friedens gefeiert wird, kamen die letzten Häftlinge im Lager an und wurden in den Betonbunker der Gleiselsfeste, die als Eingangsstufe diente, geworfen.

Julius Schätzle, der Autor dieser Dokumentation, verbüßte 1933 eine Gefängnisstrafe wegen Vorbereitung zum Hochverrat im Ulmer Landesgefängnis und sollte am 24. 12. 1933 von dort entlassen werden. Dem neuen nationalsozialistischen Willkürrecht zufolge kamen die politischen Gefangenen nach der Verbüßung ihrer Strafzeit nicht mehr in Freiheit, sondern in ein Konzentrationslager. So kam auch er Weihnachten 1933 auf den Kuhberg. *

Die Schreckensherrschaft des Kommandanten Buck und seiner SA-Schergen konnte sich nun auf dem abgelegenen Festungswerk Oberer Kuhberg ungehindert austoben. Die Verpflegung war sehr einseitig und unzureichend, kaum ausreichend zur Erhaltung der Arbeitskraft. Morgens um 6 Uhr wurde geweckt. Anschließend war „Fallenbau", um 7 Uhr gab es Zichorienkaffee mit Schwarzbrot, mittags einen Liter wässerigen Eintopf, um 18 Uhr Brot mit Margarine, Käse oder Schwarzwurst. Die vorgeschriebene Menge von einem Liter Essen gab es immer. Kamen jedoch Neuzugänge oder waren in dem Kessel der Feldküche zu wenig Kartoffeln, Reis oder Bohnen, dann befahl der SA-Koch in seiner zynischen Art: „Den

---

* Ausführlich beschrieb der Autor seine Erlebnisse in zahlreichen faschistischen Konzentrationslagern in: Julius Schätzle: Wir klagen an. Kulturaufbau-Verlag, Stuttgart 1946. — Er gehörte zu den wenigen Häftlingen aus dem KZ Neuengamme, die die englischen Bombenangriffe auf die „Häftlingsflotte" in der Lübecker Bucht 1945 überlebten. Siehe dazu: Rudi Goguel: „Cap Arcona". Report über den Untergang der Häftlingsflotte in der Lübecker Bucht am 3. Mai 1945. Röderberg-Verlag, Frankfurt/Main 1972.

Hahnen auf, die Leute haben Hunger." So entstand unter den Häftlingen der oft gebrauchte Ausspruch: „Heute gibt es wieder Hahnensuppe."
Die in Stufe III untergebrachten Häftlinge durften als besondere Strafe nicht arbeiten. Kaum vorstellbar, was das bedeutete: In den engen, halbdunklen Kasematten den ganzen Tag herumzustehen und nur darauf zu warten, bis wieder ein SA-Mann hereinpolterte. Erzwungenes Nichtstun kann so zur Qual werden.
In dieser Stufe durften die Häftlinge nur einmal im Monat einen Brief schreiben. Die „Fallen" mußten mit besonderer Sorgfalt gebaut werden und wurden trotz aller Mühe, je nach Laune der Bewachung, immer wieder von den SA-Leuten herausgerissen. Kleider- und Geschirrappelle gab es täglich stundenlang. Einen Grund zum Strafexerzieren fanden die Bewacher zu jeder Zeit. Ihr Dienst war langweilig, und deshalb sorgten sie für Abwechslung. „Hinlegen!" und „Robben!" wurde bei schlechtem Wetter besonders gern befohlen. Im „Panzerkreuzer" mußten die Häftlinge durch einen übelriechenden Abwassergraben kriechen. Dabei durfte der Kopf, etwa zum Luftholen, nicht über den Grabenrand hinausragen, sonst gab es mit einem Kabelende Prügel. War man dann von Kopf bis Fuß mit Dreck überzogen, folgte eine halbe Stunde später der nächste Kleiderappell.
Die I. und II. Stufe war nur deshalb erträglicher, weil für die Häftlinge ein Arbeitsdienst festgelegt war. Als besondere Vergünstigung durfte alle 14 Tage ein Brief geschrieben werden.
Die Arbeit beschränkte sich im wesentlichen auf den Ausbau des Lagers und den Wegebau. Ein kleines Kommando wurde bei der Festungskommandantur im Geschirrhof beschäftigt. Die gebauten Wege waren zwar alle unnötig, aber für uns war diese Arbeit eine Erleichterung. Man kam aus den engen und dumpfen Kasematten hinaus in die verschneite Winterlandschaft. Man sah in der Ferne Häuser, in denen Menschen im Kreise ihrer Familie lebten und die sicher auch manchmal an die Entrechteten und Gequälten auf dem Oberen Kuhberg dachten. Schon die Vorstellung, daß dort unten in Ulm Menschen lebten, die mit uns sympathisierten, gab ein befreiendes Gefühl und stärkte die Widerstandskraft.
Nicht vergessen werden darf das Verhalten von Ulmer Bürgern, vor allem einiger Frauen. Sie hatten bald herausgefunden, was das für Gefangene waren, die täglich vom Militärgefängnis zur Arbeit geführt wurden. Sie wußten auch, wie man helfen konnte. Ungeachtet aller damit verbundenen Gefahren legten sie zur richtigen Zeit und am richtigen Platz einen sogenannten „Bären" ab. Das war ein kleines Päckchen mit Lebensmitteln und Zigaretten. Für diese Beweise der Solidarität waren wir sehr dankbar. Wichtiger als der Inhalt dieser Päckchen war für die Inhaftierten die Sympathie, die ihnen trotz aller Hetze der Nazis gegen die sogenannten „Novemberverbrecher, Moskauspione, Saujuden und das arbeitsscheue Gesindel" von der Bevölkerung entgegengebracht wurde.
Material für den Wegebau gab es nicht. In Kolonnen zu acht Mann wurden

wir ausgeschickt, um Steine zu suchen. Auf einfachen Traggestellen mußten die eingesammelten Steine in das Fort geschleppt werden. Der Ertrag
dieser wahllosen Sucherei war natürlich gering. Aber wehe der Kolonne,
die es gewagt hätte, ohne volle Tragen zurückzukommen. Der Kommandant schickte seine SA-Garde mit uns immer weiter fort. Da aber bald weit
und breit nichts mehr zu finden war, ging man gezwungen zum legalisier-
ten Diebstahl über. Marksteine wurden auf Befehl ausgerissen und zerschlagen. Einem Bauern, der zur Befestigung seines Feldweges Schotter-
steine angefahren hatte, nahm man den größten Teil seiner Steine weg.
Angeblich überflüssige Mauern wurden niedergerissen und die Steine ins
Fort geschleppt.

Die Sonntage

Obwohl diese Arbeit für die meisten Häftlinge ungewohnt und schwer
war und wir abends verdreckt, durchnäßt und müde zurückkamen, wurde
diese unproduktive Arbeit als Wohltat gegenüber der Sonntagsbeschäf-
tigung empfunden. Die Sonntage waren keine Ruhetage. Im Gegenteil.
Jeder Vorgang, sei es Essenfassen, Haarschneiden, Geschirr- und Kleiderappell oder das Anhören einer Hitlerrede auf dem Appellplatz vor dem
Lautsprecher — alles war mit Gebrüll, Beleidigungen, Prügel und Strafexerzieren verbunden. Angefangen beim Haarschnitt. Mit einer alten aus-
rangierten, stumpfen Haarschneidemaschine wurden die Haare mehr ausgerissen als geschnitten. Grundsätzlich mußte der Häftling zu dieser Prozedur in die Kniebeuge gehen. Wehe dem, dem die Knie weich wurden,
der umfiel oder gar aufzustehen wagte. Der aufsichtführende SA-Mann
— nicht selten im Beisein des Kommandanten Buck — verdonnerte ihn
so lange zum Strafexerzieren, bis allen anderen die Haare geschnitten
waren.

Dann kam der Kleiderappell. Zu dieser Zeit hatten die Häftlinge bereits
eine Uniform. Sie bestand aus alten, abgelegten Straßenbahnerunifor-
men. Zur Kenntlichmachung als KZ-Häftlinge bekamen das linke Hosen-
bein, der rechte Oberarm und die Mütze einen breiten Ring aus roter
Farbe. Mit viel Wasser wurden diese alten, abgeschabten Uniformen
stundenlang gebürstet, bis der Befehl zum Antreten kam. Aber alle Mühe
war umsonst. Stets fand die Wachmannschaft etwas auszusetzen. Also
zurück in die Bunker und wieder waschen und bürsten. Eine Stunde später
hieß es erneut antreten. Das wiederholte sich oft stundenlang, bis die
Uniformen triefend naß waren und die einbrechende Dunkelheit eine Fort-
setzung dieser Schikanen im Freien unmöglich machte. Da jeder Häftling
nur eine Uniform hatte, mußte er den Abend in der nassen Kleidung frie-
rend verbringen und sie am anderen Morgen, immer noch feucht, wieder
anziehen.

Sanitäre Anlagen gab es in der Stufe III überhaupt nicht. Die Häftlinge mußten auf Kommando, je nach Laune der Bewacher, ihre Räume im Laufschritt verlassen und über einer provisorischen Grube ihre Notdurft im Eiltempo verrichten. Nachts wurde ein offener Kübel für 50 Mann aufgestellt, der bis zum Morgen übervoll war und im ganzen Gang einen bestialischen Gestank verbreitete. In den anderen Stufen war es etwas besser, denn dort waren von den Festungsbauingenieuren bereits Abortgruben eingebaut worden. Sämtliche Latrinen waren über Sickergruben angebracht. Diese Gruben waren aber so schadhaft, daß das im Lager gesammelte Grundwasser völlig unbrauchbar wurde. Zuerst gab es nur einen uralten Brunnenschacht, der den Bedarf an Wasser bei weitem nicht liefern konnte. Deshalb mußte ein zweiter Brunnen instand gesetzt und das Wasser mit einer einfachen Handpumpe in ein Reservoir hochgepumpt werden. Der Kommunist Ludwig Herr aus Kornwestheim und der Sozialdemokrat Dr. Kurt Schumacher aus Stuttgart — beide hatten einen Arm verloren — wurden zu dieser Arbeit regelmäßig eingesetzt. In großen Blechkannen holten dann die Häftlinge das Wasser in die Unterkünfte. Beim Füllen der Trinkbecher mußte man darauf achten, daß die am Boden liegenden schwarzen Würmer zurückblieben.

In einem besonderen Bunker gab es eine Krankenstation. Einmal in der Woche kam ein Polizeiarzt, dessen Tätigkeit sich hauptsächlich auf das Erneuern von Verbänden beschränkte. Wurde ein Häftling ernstlich krank oder bestand die Gefahr, daß er den unmenschlichen Bedingungen des Lagers nicht mehr standhalten konnte, wurde er entlassen. In den ersten Monaten der Naziherrschaft war man mit Rücksicht auf das Ausland noch darauf bedacht, die Sterblichkeitsziffer von Häftlingen im Lager in Grenzen zu halten.

Geistliche im Lager

Wie leicht schon in den Jahren 1933 und 1934 ein Geistlicher in ein Schutzhaftlager kommen konnte, zeigt das Beispiel des Stadtpfarrers Dangelmaier aus Metzingen. Sein „Verbrechen" bestand darin, daß er kurz vor Weihnachten 1933 für die ersten in Köln hingerichteten Kommunisten eine Messe lesen ließ. Das genügte der Geheimen Staatspolizei, ihn zu bespitzeln. Über das weitere Schicksal Dangelmaiers berichtet die Chronik des Katholischen Stadtpfarramtes St. Bonifatius in Metzingen:

„Nach dem Gottesdienst des Erscheinungsfestes 1934 wurde Stadtpfarrer Dangelmaier als einer der ersten Geistlichen verhaftet. Er war als freimütiger Gegner des Nationalsozialismus bekannt und machte auch nach der Machtergreifung Hitlers aus seiner Einstellung zum neuen Regime keinen Hehl. Spitzel hefteten sich an seine Fersen und ruhten nicht, bis sie ihn zur Strecke gebracht hatten. Lange Wochen der Gefangenschaft auf dem Heuberg wurden zu einer schweren Leidenszeit für ihn. Er hat innerlich ungebeugt bestanden, durfte aber nach seiner Entlassung nicht mehr nach Metzingen zurückkehren, das Betreten der Stadt war ihm verboten." *

Die SA-Bewachung machte sich einen Spaß daraus, die Geistlichen zu den schmutzigsten Arbeiten einzusetzen. So wurden sie regelmäßig zum Leeren der Abortgruben befohlen. Ihr Inhalt mußte mit einfachen Blechbüchsen in größere Kübel umgeschöpft werden, die dann in den Wald getragen und dort einfach umgekippt wurden. Doch die Solidarität der Häftlinge hat ihnen geholfen, auch die schlimmsten Erniedrigungen mit Stolz zu ertragen. In solchen Situationen wird der Wille zur Solidarität gestärkt. Die Notgemeinschaft hat uns auch gelehrt, daß die scheinbar wehrlosen Gefangenen doch in der Lage sind, die Brutalität dieser Menschenschinder zu überstehen.

Der „Röhmputsch"

Im Zusammenhang mit der Ermordung der alten SA-Führung im sogenannten „Röhmputsch" vom 30. Juni bis 2. Juli 1934 sind auch Antifaschisten in den Kellern der Gestapo und in den Konzentrationslagern erschossen worden. Darunter der bekannte Kommunist Walter Häbich aus Stuttgart-Botnang. Seine Mutter Erna Häbich erhielt am 8. August 1934 die Nachricht vom Standesamt Dachau, daß die „Bayerische Politische Polizei" mitgeteilt habe, Walter Häbich sei am 1. Juli 1934 in Dachau verstorben.

Frau Häbich gab sich mit dieser Mitteilung nicht zufrieden. Sie wollte wissen, an welcher Krankheit ihr Sohn gestorben sei, und schrieb deshalb einen Brief nach Berlin. Auf ihren Brief vom 19. November 1934 erhielt sie am 18. Januar 1935 von der Politischen Polizei Berlin, Prinz-Albrecht-Straße 8, die Antwort, „daß Ihr Sohn Walter Häbich am 1. 7. 1934 im Zuge der Röhmrevolte standrechtlich erschossen worden ist". **

Auf dem Kuhberg war eine ähnliche Aktion geplant. Zwölf Funktionäre wurden zum Strafexerzieren befohlen und so lange über das Gelände des Kuhbergs gejagt, bis sie vor Erschöpfung zusammenbrachen und nicht mehr weitermachen konnten. Dies bezeichnete der Kommandant Buck als Meuterei und meldete den Vorfall an die Gauleitung nach Stuttgart. Die erschöpften Häftlinge kamen sofort in den Strafbunker und sollten nach dem Rezept des „Röhmputsches" erschossen werden. Durch die Indiskretion eines SA-Mannes wurde die beabsichtigte Exekution im Lager bekannt.

Nach den Tagen des blinden Mordens wuchs in den eigenen Reihen der SA die Unzufriedenheit und die Unsicherheit derart an, daß die längst

---

* In der Chronik wurde versehentlich geschrieben, Dangelmaier sei auf den Heuberg gebracht worden. Das KZ-Lager Heuberg wurde aber Ende 1933 aufgelöst, und die ehemaligen Häftlinge auf dem Oberen Kuhberg können sich an den Kameraden Dangelmaier noch sehr gut erinnern.

** Siehe Faksimile Seite 35.

Der Politische Polizeikommandeur der Länder

Adjutant

B.-Nr. *H 1/35 Adj.*

Bei Rückantwort Brief anzugeben

Berlin SW 11, den 18. I. 1935.
Prinz-Albrecht-Straße 8

Einschreiben !

An

Frau Erna H ä b i c h ,

Stuttgart-Botnang,
Neue Stuttgarter Str. 48, I.

Betrifft:

Bezug:

Auf Grund Jhrer am 19. II. 1934 an den Führer
gerichteten und nach hier abgegebenen Eingabe teile
ich Jhnen im Auftrage des Politischen Polizeikomman-
deurs der Länder, Reichsführer SS Himmler, mit, daß
Jhr Sohn Walther H ä b i c h am 1. VII. 1934 im Zuge
der Röhmrevolte standrechtlich erschossen worden ist.

Da es sich bei der Erschiessung Jhres Sohnes
um einen Akt der Staatsnotwehr gehandelt hat, liegt zu
weiteren Erklärungen keine Veranlassung vor.

H e i l   H i t l e r

Hauptmann der Landespolizei

vorhandenen Rivalitäten zwischen den zwei militärischen Organisationen der NSDAP, der SA und der SS, zu einer ernsthaften Gefahr für den Bestand der Naziorganisationen anwuchs. Hitler war deshalb gezwungen, den Befehl zur sofortigen Einstellung aller geplanten weiteren Exekutionen zu erlassen. Dadurch konnte das geplante Blutbad auf dem Kuhberg nicht mehr durchgeführt werden.

Um die Ermordung zahlreicher hoher SA-Führer und anderer „Verräter" — unter ihnen auch unliebsam gewordene bürgerliche Politiker und Generale — zu rechtfertigen, wurde von der Hitler-Regierung am 3. Juli das „Gesetz über Maßnahmen der Staatsnotwehr" erlassen. Es bestand aus einem einzigen Artikel: „Die zur Niederschlagung hoch- und landesverräterischer Angriffe am 30. Juni, 1. und 2. Juli 1934 vollzogenen Maßnahmen sind als Staatsnotwehr rechtens." * In seiner Rechtfertigungsrede vor dem Reichstag erklärte Hitler: „In dieser Stunde war ich verantwortlich für das Schicksal der deutschen Nation und damit des deutschen Volkes oberster Gerichtsherr." Mit dieser Pervertierung des Rechts wurde die politische Strafjustiz zur Farce. Von nun an mußte jeder politische Häftling nach seiner Strafverbüßung der Gestapo übergeben werden. In Württemberg kamen diese entlassenen Häftlinge auf den Kuhberg und später nach Welzheim. Hier bestimmte die Gestapo, was mit ihnen weiter geschah. In der Regel hieß die nächste Station Dachau. Der „Röhmputsch" hatte auch noch andere Folgen. An den Mordaktionen war vor allem die „SS-Leibstandarte Adolf Hitler" beteiligt gewesen. Jetzt wurde „im Hinblick auf die großen Verdienste der SS besonders im Zusammenhang mit den Ereignissen des 30. Juni 1934" die SS zur selbständigen Organisation innerhalb der NSDAP erklärt. Es begann der Aufbau der SS-Verfügungstruppen. Alle Konzentrationslager wurden der SS unterstellt.

Im Strafbunker

Auf dem Kuhberg kamen die Häftlinge bei geringsten Vergehen in den Strafbunker. Dieser Bunker befand sich im Wallgraben unter dem Eingang zum Kommandoturm. Er hatte weder ein Fenster, noch bot er den Gefangenen eine Möglichkeit, ihre Notdurft zu verrichten. Die Decke bildeten Planken mit zentimeterbreiten Fugen. Über diese Bohlen gingen die SA-Mannschaften zum Kommandoturm ein und aus. Dabei fanden sie ihren besonderen Spaß daran, ihre mit Kot beschmierten Stiefel genau über dem Bunker abzustreifen. Bei Regenwetter rieselte das Regenwasser ständig durch die Ritzen. In dem engen Raum hatten die Häftlinge wenig Möglichkeit, diesen Belästigungen auszuweichen. Waschwasser gab es für die ganze Zeit der Arresthaft nicht, und das Essen war auf halbe Ration gekürzt. Nässe, Kälte und Dreck im Strafbunker waren so unerträglich, daß mancher Häftling schon nach wenigen Tagen Arresthaft für sein weiteres Leben gesundheitlich geschädigt war. Diese Methode war ein Teil jenes Systems, unbeliebte politische Gegner auszuschalten.

Prominente Politiker wurden zeitweise einer besonderen Behandlung unterzogen. So kamen der SPD-Reichstagsabgeordnete Dr. Kurt Schumacher und der KPD-Landtagsabgeordnete Alfred Haag in einen besonderen Bunker. Dieser Bunker war mit einer eisernen Tür nahezu luftdicht abgeschlossen. Das einzige Mobiliar waren zwei Strohsäcke, es gab keine Heizung und keine Decken. Die schon für die übrigen Häftlinge dürftige Kost wurde auf die Hälfte reduziert. Aus Protest gegen diese Behandlung trat Schumacher in einen längeren Hungerstreik. Dieser Hungerstreik in

---

* Zitiert nach: Eberhard Aleff (Herausgeber): Das Dritte Reich. Verlag für Literatur und Zeitgeschehen, Hannover 1970, S. 57.

Verbindung mit den täglichen Schikanen schwächte Schumacher so sehr, daß Alfred Haag um sein Leben bangen mußte. Er beschwerte sich täglich bei der SA-Bewachung und erreichte schließlich, daß er dem Kommandanten Buck vorgeführt wurde. Buck empfing ihn mit den üblichen Drohungen und ließ ihn als Strafe für seine Beschwerde mehrere Wochen in den Strafbunker werfen. Die geschilderten Beleidigungen, Schikanen und Verbrechen, die der Kommandant Buck und seine Helfershelfer verübten, wiederholten sich fast täglich.

Die internationale Presse und die trotz Verbots und Verfolgung weiter bestehenden Organisationen wurden durch entlassene Häftlinge genauestens informiert. Die Veröffentlichung der Berichte im Ausland über die Vorgänge auf dem Oberen Kuhberg haben wesentlich dazu beigetragen, daß die Exzesse der SA in bestimmten Grenzen blieben.

Der politische Häftling Fred Lauterwasser ist mit einem weiteren Lagerinsassen in der Nacht vom 1. zum 2. Mai 1935 aus dem Lager ausgebrochen. Beide konnten sich nach Stuttgart durchschlagen und in einem Gartenhaus am Stadtrand verbergen. Natürlich wurden sie sofort zur Fahndung ausgeschrieben und durch die Unachtsamkeit eines Verbindungsmannes am 4. Mai 1935 wieder ergriffen. Beide Häftlinge wurden daraufhin wegen Meuterei vom Landgericht Stuttgart zu 1 Jahr Gefängnis verurteilt. Fred Lauterwasser kam zur Strafverbüßung ins Jugendgefängnis Heilbronn und wurde anschließend ein weiteres Jahr im KZ Welzheim inhaftiert.

Ein Lager wird aufgelöst

Im Zuge der verstärkten Aufrüstung in Hitler-Deutschland verlangte die Wehrmacht — so lautete seit dem Wehrgesetz vom 16. März 1935 die alleinige offizielle Bezeichnung der Streitkräfte—wieder das Verfügungsrecht über die gesamte Festung Ulm. Es mußten vom SS-Hauptamt, dem seit dem 30. Januar 1935 die Inspektionen der Konzentrationslager unterstanden, neue Plätze für die Opfer des NS-Regimes gesucht werden. Im Juni 1935 wurde das Lager Oberer Kuhberg aufgelöst. Ein Teil der Häftlinge wurde entlassen, etwa 50 Mann kamen nach Dachau. Doch was hieß schon Entlassung aus einem faschistischen Konzentrationslager?

Mit der Entlassung aus dem KZ Kuhberg war man noch lange nicht den Klauen der Gestapo entronnen. Vor der Entlassung mußte jeder Häftling einen Revers unterschreiben, in dem er sich verpflichtete, sich gegenüber der nationalsozialistischen Herrschaft loyal zu verhalten. Ferner mußte er sich täglich auf einer Polizeiwache melden. Die größte Schwierigkeit begann bei der Suche nach einem neuen Arbeitsplatz. Es gab zwar noch kleinere Unternehmer und Handwerker, die die entlassenen Häftlinge vom Heuberg und Kuhberg einstellten, doch die Gestapo forschte immer wieder nach ihren ehemaligen Häftlingen und verlangte oft ihre sofortige Entlassung. An dieser Hexenjagd beteiligten sich besonders intensiv die

„Deutsche Arbeitsfront" und die ihr unterstellten Betriebszellenobleute. Wie ein Hohn las sich daher der am 15. 11. 1933 im Stuttgarter Organ der NSDAP, „NS-Kurier", veröffentlichte Auszug aus einem Aufruf der Deutschen Arbeitsfront:

„Nunmehr müsse auch die Vergangenheit liquidiert werden. Alte Wunden dürften nicht wieder aufgerissen werden. Was war, müsse begraben sein. Niemand werde künftig noch Vorwürfe gegen andere Volksgenossen erheben, weil sie früher an andere Ziele glaubten."

Am 6. Januar 1934 hatte Hermann Göring folgende Erklärung verbreiten lassen: „Der preußische Ministerpräsident will nicht, daß diese Volksgenossen nur deshalb, weil sie in einem Konzentrationslager waren, benachteiligt werden sollen, so daß ihnen z. B. die Aufnahme eines Arbeitsverhältnisses nur allein aus dem Grunde unmöglich gemacht wird, weil sie ehemalige Schutzhäftlinge sind."

Auch das war pure Heuchelei. Mit solchen Erklärungen sollte vor allem die dem NS-Regime abseits stehende Arbeiterschaft gewonnen und die Öffentlichkeit im In- und Ausland über die tatsächlichen Verhältnisse getäuscht werden.

Ankenbuck und Kislau

Konzentrationslager in Baden

Ankenbuck war ein staatlicher Gutshof, zwischen Bad Dürrheim und Donaueschingen gelegen, er diente vor 1933 als Arbeitslager für Jugendliche. Die Gebäude auf dem Gutshof waren im Gegensatz zum Heuberg keine Baracken, sondern im Stile der typischen Gutshöfe der Baar, zwischen dem Schwarzwald und der Schwäbischen Alb, erbaut. Eingebettet zwischen Wiesen und Wäldern machte das Anwesen äußerlich einen beruhigenden Eindruck.

Als am 19. Dezember 1933 die badischen Häftlinge auf dem Heuberg den Befehl bekamen, ihre Habseligkeiten zu packen, und dann zu einem Transport zusammengestellt wurden, atmeten alle auf. Jeder war der Meinung, schlimmer als unter dem Kommando Bucks könne es nicht werden. Es waren ungefähr 40 bis 50 Häftlinge, die zuerst per Lastwagen, dann mit der Bahn über Villingen nach Donaueschingen transportiert wurden. Von hier ging es zu Fuß etwa 45 Minuten zum neuen Lager. Hier trafen die „Heubergler" weitere Häftlinge, die aus den Polizeigefängnissen direkt in das Lager Ankenbuck eingeliefert worden waren. Darunter Georg Lechleiter aus Mannheim, der Jahre später mit einer Gruppe weiterer Kommunisten zum Tode verurteilt wurde,[*] sowie die SPD-Reichstagsabgeordneten Stephan Meier und Matsloff. Das Lager unterstand dem SS-Führer Helbig.

Bei der Ankunft verhielten sich die „Heubergler" wie gewohnt. Sie standen vor jedem SA-Mann stramm. Zur Überraschung der Häftlinge erklärte der Kommandant: „Laßt das, vor mir wird nicht strammgestanden. Bei mir wird auch kein Häftling geschlagen." Und er hielt Wort.

Das Schutzhaftlager Ankenbuck war wahrscheinlich das einzige Lager, in dem kein Häftling mißhandelt wurde oder den Tod fand. Auch die Arbeitsbedingungen waren erträglich. Zuerst wurde ein Schießstand für den Schützenverein Bad Dürrheim angelegt. Andere Häftlinge wurden bei Meliorationsarbeiten oder in Werkstätten beschäftigt.

Kislau

Das ehemalige Schloß Kislau liegt an der Bahnstrecke Heidelberg—Bruchsal, westwärts des Bahnhofs Bad Mingolsheim-Gronau. Als wehrhafte Wasserburg im Mittelalter erbaut, wird sie in Urkunden erstmals

---

[*] Über den Widerstand der Lechleiter-Gruppe siehe: Max Oppenheimer: Der Fall Vorbote. Zeugnisse des Mannheimer Widerstandes. Röderberg-Verlag, Frankfurt/Main 1969.

Fr. Zone

Schutzhäftling: Schneider, Karl

Bewahrungslager Kislau

Zuname: Schneider

Vorname: Karl

Geburtszeit: 25.1.1908

Geburtsort: Basel

Beruf: Laborant

Letzter Wohnsitz: Lörrach

Staatsangehörigkeit: deutsch

Religion: glaubenslos

Stand: led **Kinderzahl:** /

Ehefrau: /

2,46

Einliefernde Behörde: Zuchthaus Ludwigsburg

Grund der Inschutzhaftnahme: Pol. Strafgefangener
–Überhaft–

In Haft seit: 13.7.34

Eingeliefert am: 10.11.37

War schon in Schutzhaft vom: /

bis: /

Hat lt. Strafregisterauszug Vorstrafen

Beurlaubt vom / **bis** /

Entlassen am: 25.11.37 nach dem Pol. Präs. München, zur Einlieferung in das K.L. Dachau verschubt.

im elften Jahrhundert erwähnt. Diese Feste hat eine reiche und abwechs-
lungsreiche Geschichte. Gar oft wurden rebellische Untertanen in den
Burgverliesen eingesperrt und vom Leben in den Tod befördert.

Im großen deutschen Bauernkrieg (1524/25) ließ der Kurfürst von der
Pfalz die aufständischen Bauern des „Bruhrainischen Haufens" in die
Verliese werfen und die Anführer auf der Schloßbrücke enthaupten. Die
Leichen warf man in den Burggraben den „Fischen zur Speise". 1532 wurden die Wiedertäufer nach Kislau gebracht und dort jahrelang zur „Beleh-
rung" für den rechten Glauben gefangengehalten. Im holländischen Krieg
1672—1678 wurde die alte Wasserburg vollständig zerstört und im 18.
Jahrhundert von den Fürstbischöfen von Speyer wiederaufgebaut. Nach
der Niederlage der badischen Freiheitskämpfer 1848/1849 sperrte man
die Freischärler hier ein. Darunter viele Studenten aus Heidelberg.

Zeitweilig diente das Schloß als polizeiliche Verwahrungsanstalt, als Arbeitshaus für Männer, 1930 war es Pflegeheim für geistesschwache
Frauen, und 1933, nach der Auflösung der Konzentrationslager Heuberg
und Ankenbuck, wurde es zentrales KZ-Lager für das Land Baden.

Der Lagerleiter, Polizeihauptmann Mohr, ein ehemaliger Kolonialoffizier,
war ein Nazi besonderer Prägung. Er blieb auch in seiner Heimat der
arrogante, sportliche Rittmeister der Kolonialzeit. Für seine SA-Rabauken
aus den umliegenden Ortschaften hatte er nur tiefste Verachtung übrig.
Er liebte das angenehme Leben, Trinken und schnelles Autofahren. Am
Steuer seines Sportwagens fand er auch den Tod. Unter der Leitung von
Mohr ist Kislau zu einem „Renommier"-Konzentrationslager ausgebaut
worden. Ausländische Journalisten wurden durch das Lager geführt, um
zu beweisen, daß die Berichte über Welzheim, Kuhberg und Dachau
deutschfeindliche Greuelpropaganda seien. Aber Kislau blieb trotz des
zivileren Umgangstons ein Konzentrationslager, und kein Häftling war
seines Lebens sicher. Auch Kislau gehörte zu den Vorhöfen zur Hölle.
Auch von Kislau führte für viele Häftlinge ein direkter Weg nach Dachau.
Die in braune Uniformen gesteckten Häftlinge beschäftigte man zum
größten Teil im Mingolsheimer Bruch mit Entwässerungsarbeiten. Das
offene Gelände und das nahegelegene Bad Mingolsheim mit seinen vielen Kurgästen trug wesentlich dazu bei, daß die SA-Wachmannschaften
ihren Sadismus zügeln mußten. Um die Täuschung komplett zu machen,
mußten die Häftlinge beim Marsch der Arbeitstrupps durch Mingolsheim
stets singen, unter anderem ein vom Lagerleiter Mohr selbstverfaßtes
Lied: „In Kislau gehn die Tore auf, da zieht eine braune Kolonne heraus ..."
Weitere Häftlinge arbeiteten in den vorhandenen Werkstätten. Eine besondere Gruppe, unter Leitung des ehemaligen Ministerialrates und Hei-
matschriftstellers Stenz aus Mannheim, renovierte das im Rokokostil ge-
haltene Schlafgemach und das Bad des ehemaligen Kurfürsten. Hinter
einer Sopraporte im Schlafzimmer mauerten die Häftlinge zur Information

späterer Generationen einige Schriftstücke ein, die auf das Konzentrationslager Kislau hinweisen. Diese von den Häftlingen renovierten Räume stehen heute unter Denkmalschutz.

Am Pranger

Den siegestrunkenen Nazis war jedes Mittel recht, um ihre Gegner einzuschüchtern und die Bevölkerung aufzuputschen. Dazu gehörte beispielsweise, daß jüdische Bürger mit umgehängten Plakaten durch die Straßen geschleift wurden. Auf solchen Plakaten stand etwa: „Ich Saujude habe das deutsche Volk betrogen." Nichtjuden, die es am Anfang des Dritten Reiches noch wagten, bei einem jüdischen Geschäftsmann einzukaufen, bekamen Plakate mit der Aufschrift: „Ich bin ein Volksverräter, ich habe bei einem Juden eingekauft." Frauen, die, von solchen antisemitischen Quälereien angewidert, ihren Unmut zum Ausdruck brachten, liefen Gefahr, daß ihnen auf der Straße die Haare kurz geschoren und sie im Zuge mitgeschleift wurden.

Am 16. Mai 1933 veranstaltete die SA von Karlsruhe eine solche widerliche Schau mit dem früheren Innenminister von Baden, Adam Remmele, und einigen anderen SPD-Führern. Vor ihrer Einlieferung in das Konzentrationslager wurden sie durch die Straßen von Karlsruhe geschleift und als Volks- und Landesverräter beschimpft. Um ihnen bei der Einlieferung am selben Abend einen schmählichen Empfang zu bereiten, versuchte die SA-Mannschaft die Häftlinge gegen Remmele aufzuputschen. Viele der Häftlinge waren Remmele gegenüber nicht gut gesinnt. Mußten sie doch unter seiner Regierung als politische Gefangene mit den Gefängnissen von Mannheim und Karlsruhe Bekanntschaft machen. Dennoch fiel keiner auf die Provokation der SA herein. Remmele wurde wie jeder Neuzugang kameradschaftlich empfangen. Ein echtes kameradschaftliches Verhältnis zwischen Remmele und den übrigen Häftlingen entwickelte sich jedoch nicht.

Von der Lagerleitung bekam er als Vorzugshäftling einen besonderen Schlafraum und mußte auch nicht zur Arbeit gehen. Als einer der ersten kam er im Sommer 1933 bereits wieder frei.

Der Mord an Dr. Marum

Der Sozialdemokrat Dr. h. c. Ludwig Marum war eine Persönlichkeit von echter, hoher Kultur. Er stellte sich kameradschaftlich neben den einfachsten Arbeiter und half mit seinen interessanten und lehrreichen Gesprächen allen Häftlingen, die schweren Stunden besser zu überstehen. Um so mehr haßten ihn die verhetzten und primitiven SA-Wachleute, die ihn schikanierten, wo sie nur konnten. Bei einer Besichtigung des Lagers fragte ihn ein badischer NS-Minister über sein Verhältnis zum Dritten

Reich. Stolz antwortete er mit Conrad Ferdinand Meyers Gedicht „Huttens Beichte":

Mich reut mein allzuspät erkanntes Amt!
Mich reut, daß mir zu schwach das Herz entflammt!
Mich reut, daß ich in meine Fehden trat —
mit schärferen Streichen nicht und kühner Tat!
Mich reut — ich streu mir Asche auf das Haupt —
daß ich nicht fester an den Sieg geglaubt!
Mich reut, daß ich nur einmal bin gebannt!
Mich reut, daß oft ich Menschenfurcht gekannt!
Mich reut — ich beicht es mit zerknirschtem Sinn —
daß ich nicht Hutten stets gewesen bin!

Dieses Bekenntnis wiederholte Dr. Marum noch einmal nach seiner Rückkehr in den Aufenthaltsraum der Häftlinge. Wenige Stunden später mußte er sich beim Kommandanten melden und kehrte nicht mehr zurück. Von diesem Tage an wurde er in strenger Einzelhaft gehalten und blieb selbst während der halben Stunde Hofgang isoliert.

Am 28. Mai 1934 wurde er von den SA-Henkersknechten in seiner Zelle erwürgt.

Sie konnten seine Überzeugung nicht brechen, deshalb mußte er sterben. Die gedungenen Mörder wurden nach dem Zusammenbruch der Naziherrschaft verurteilt, doch die intellektuellen Urheber dieses Mordes blieben ungeschoren.

Die Häftlinge reagierten auf solche Bestialitäten mit Solidaritätsaktionen. Der ehemalige Schutzhäftling Erwin Knapp berichtet von folgendem Vorfall:

Die Häftlinge erfuhren von der Ermordung eines Hamburger Kommunisten und beschlossen, beim Abendessen dieses Kameraden fünf Minuten schweigend zu gedenken. Diese Schweigeminuten wurden von allen Häftlingen eingehalten. Im ganzen Saal war es totenstill. Die Wache kam aus dem Nebenraum hereingestürzt und fragte: „Was ist hier los, habt ihr keinen Hunger?" Keiner antwortete, jeder zuckte nur mit den Achseln. Daraufhin wurde der Lagerkommandant alarmiert.

Jeder befragte Häftling erklärte, er habe sich nur dem Nebenmann angeschlossen. Da kein „Rädelsführer" gefunden wurde, ergriff man willkürlich den Schutzhäftling Hans Heck und sperrte ihn in den Bunker.

Am anderen Morgen erließ der Lagerkommandant folgenden Lagerbefehl: „Aus dem gestrigen Vorkommnis ersehe ich, daß der alte Geist der Rebellion unter den Häftlingen noch immer lebendig ist. Ich ordne daher an: Eine Woche Hofentzug, Schreibverbot und keine Besuchererlaubnis.

Gez. Mohr Lagerkommandant"

Wie aus den noch vorhandenen Akten zu entnehmen ist, wurden am 17. März 1937 als letzte Schutzhäftlinge der Kommunist Jacob Ritter und der Bibelforscher Otto Schmidt von Kislau nach Dachau überführt. Politische Strafgefangene gab es jedoch später in Kislau weiterhin, darunter den Vater der ermordeten Geschwister Scholl.

Frauenarbeitserziehungslager Rudersberg

Am Fuße des Welzheimer Waldes liegt die kleine Gemeinde Rudersberg. Man findet sie in keinem „Baedecker". Hier gibt es keine besonderen Attraktionen. Aber die Wanderer aus den nahgelegenen Industriegebieten besuchten den idyllischen Welzheimer Wald gern, wo sie in dem Gasthof „Zur Ritterburg" zu einem Trunk einkehrten.

Diese „Ritterburg" wurde 1942 von der Gestapo beschlagnahmt und zu einem Frauenerziehungslager umgebaut. Die erforderlichen Schreinerarbeiten erledigten die Häftlinge des nahegelegenen Konzentrationslagers Welzheim. Der erste Lagerleiter war der SS-Mann Held, der später von Fritz Klein abgelöst wurde.

Die ersten Häftlinge waren zu vier, sechs oder acht Wochen „Arbeitserziehungs"-Lager verurteilt. Sie mußten schwere Arbeit bei schlechtem Essen leisten. Die meisten waren verschleppte Frauen und Mädchen aus der Sowjetunion, aus Polen und Frankreich. Als Haftgrund wurde in der Regel mangelhafte Arbeit in den Fabriken und in Privathaushaltungen angegeben. Deutsche Frauen und Mädchen kamen wegen „Arbeitsvertragsbruchs", weil sie mit Ausländern befreundet waren oder sie mit Essen unterstützt hatten, nach Rudersberg. Erst später folgten auch politische Häftlinge, die meistens viele Monate, manche von ihnen bis zur Auflösung des Lagers dort blieben.

Das Lager war für etwa 140 Häftlinge eingerichtet. 1944, nach der Zerstörung der Stuttgarter Polizeigefängnisse „Stadtdirektion" und „Büchsenschmiere" durch Bomben, wurde Rudersberg Durchgangslager und war zeitweise mit 200 und noch mehr Frauen belegt. Die zwei Schlafsäle waren überfüllt. Viele Häftlinge schliefen zu zweit auf einem Strohsack. Die sanitären Verhältnisse verschlechterten sich derart, daß sich die Frauen heute noch mit Ekel und Abscheu daran erinnern. Die Toiletten konnten nachts nicht benutzt werden, weil die Schlafsäle abgeschlossen waren, und die aufgestellten Kübel reichten nie aus und liefen deshalb über.

Um vier Uhr weckte die Aufseherin mit großem Geschrei. Wer nicht schnell genug aufstand, bekam den Rohrstock zu spüren. Nach dem Zählappell folgte der Bettenbau, der besonders schikanös war. Wenn der Strohsack nicht mit einer sogenannten Bügelbrettkante gebaut war, drohte Essensentzug. Nach dem Bettenbau ging es hinunter in die Toiletten und in den Waschraum, der für die vielen Häftlinge viel zu klein war. Alle hatten bald Kopf- und Kleiderläuse. Vor dem Kaffeetrinken wurde angetreten. Auf Kommando mußte man sich setzen. Der Kaffee-Ersatz und das trockene Brot waren im Nu verzehrt; denn der Hunger war groß. Zur Arbeitseinteilung wurde wieder angetreten. Ungefähr vierzig Frauen mußten täglich unter Bewachung mit dem Zug nach Welzheim zur Firma Bauknecht fahren, etwa achtzig arbeiteten im Holzwerk Rudersberg. Ein kleinerer Teil der Frauen arbeitete tagsüber bei Bauern oder anderen Privatleuten. Die politischen Häftlinge durften nur im Lager arbeiten, für sie gab es keinen Außendienst. Sie wurden in der Küche, in der Waschküche oder in der Nähstube beschäftigt.

Für die schwere Arbeit und die lange Arbeitszeit wurden die Häftlinge völlig unzureichend verpflegt. Es gab 400 Gramm Brot pro Tag, morgens Kaffee-Ersatz, mittags Wassersuppe mit einigen Kartoffeln, Rüben oder Brennesseln, abends einen Löffel Quark, Marmelade oder Margarine. Einmal in der Woche gab es am Abend Grießsuppe.

Es war unausbleiblich, daß bei dieser Ernährung, die noch unter den für die Strafanstalten vorgeschriebenen Rationen lag, sich die meisten Frauen, die mehr als ein halbes Jahr in Rudersberg waren, für ihr ganzes Leben gesundheitliche Schäden zuzogen. Als Folge dieser schlechten Ernährung bekamen viele Hungerödeme, Wassersucht, eitrige und offene Beine. Die Lagerärztin fertigte die Kranken mit der Bemerkung ab, das würde besser, wenn sie wieder draußen wären. Viele brachen infolge der Unterernährung bei der Arbeit zusammen. Sie wurden dann mit einem Karren ins Lager zurückgebracht. Die Frauen, die innerhalb des Lagers arbeiteten, kamen nie an die frische Luft. Hofgang, wie er in den Gefängnissen üblich ist, gab es in Rudersberg nicht.

Nach der langen und schweren Tagesarbeit mußte nach dem Abendessen wieder angetreten werden. Die Häftlinge standen abends oft länger als zwei Stunden. Es wurde immer wieder gezählt. Wenn die unfähige Aufseherin damit nicht fertig wurde, dauerte es noch länger als üblich. Am schlimmsten war der Zählappell mit der Aufseherin Ballreich.

Am meisten gefürchtet war der Tag in der Woche, an dem ein Transport in die großen KZ Ravensbrück und Auschwitz ging. Die Frauen und Mädchen, die auf Transport mußten, wußten, was ihnen bevorstand. Man hörte, daß ihnen dort die Haare abgeschnitten werden, manche wußten auch von den Gaskammern, viele weinten vor Angst. Bei einem dieser Transporte im Jahr 1944 waren auch zwei jüdische Frauen. Einer fehlten die Schuhe. Die Aufseherin Waller sagte ihr: „Dort, wo Sie hinkommen, brauchen Sie keine Schuhe mehr." Ohne Schuhe mußte diese Frau ihre letzte Fahrt antreten.

Sippenhaft

Unter den politischen Häftlingen waren zwei Frauen, die in der Sache Schlotterbeck in Sippenhaft genommen worden waren. Am 22. Juni 1944 wurde die ganze Familie Schlotterbeck verhaftet. Die Gestapo Stuttgart nahm blutige Rache, weil der aus dem KZ-Lager Welzheim entlassene Schutzhäftling Friedrich Schlotterbeck sich nicht als Spitzel einspannen

Geheime Staatspolizei

Staatspolizeileitstelle Stuttgart
IV 2 b - 813 a/44

Bitte in der Antwort vorstehendes Geschäftszeichen und Datum anzugeben

(14) **Stuttgart S,** den ~~XXXXXXXXXXX~~   Januar 1945
Heusteigstr. 45

An das
    Standesamt
(14)   **S t u t t g a r t**

Betr.: Ergänzung des Standesamtsregisters.
Vorg.: Ohne.
Anl. : -0-.

Nachstehend aufgeführte Personen wurden am 3o.11.1944 wegen Vorbereitung zum Hochverrat hingerichtet:

1. **S c h l o t t e r b e c k ,** Gotthilf
   verh.Mechaniker, geb.1.2.8o in Bempflingen
   wohnh. Stuttgart-Untertürkheim, Annastr.6

2. **S c h l o t t e r b e c k ,** Maria, geb.Kugel
   geb. 17.3.85 in Oferdingen, wohnh. Stuttgart-Untertürkheim, Annastrasse 6

3. **L u t z ,** Gertrud geb.Schlotterbeck
   geb. 17.9.1o in Reutlingen, wohnh. gew.
   Stuttgart, Auf dem Haigst 6, zuletzt
   evakuiert nach Grabenstetten Krs.Reutlingen

4. **H e i n s e r ,** Erich, led. Techniker
   geb. 7.3.2o in Stuttgart, wohnh. in
   Stuttgart-Untertürkheim, Stubaierstr.74

5. **G ä r t t n e r ,** Emil, verh.Schlosser
   geb. 3o.8.96 in Altbach/Esslingen, wohnh.
   Stuttgart-Obertürkheim, Augsburgerstr.6o1

6. **K l e n k ,** Sofie, geb. Wimmer
   geb. 12.5.o4 in Stuttgart-Bad-Cannstatt
   wohnh. Stuttgart-Untertürkheim, Manfredstr.17

7. **H i m m e l h e b e r ,** Else, led.Kontoristin
   geb. 3o.1.o5 in Stuttgart, wohnh. Stuttgart-S
   Adlerstrasse 24

8. **S e i t z ,** Emmy, geb . Ramin, geb. 19.3.o4 in
   Wiesbaden, wohnh. Stuttgart, Wartbergstr.14

9. **S e i t z ,** Hermann, verh.Kraftfahrer
   geb. 24.3.o7 in Stuttgart, wohnh.Stuttgart
   Kanonenweg 174 .

Ich gebe hiervon Kenntnis zur Ergänzung der dortigen Eintragungen.

Im Auftrag:

.·/.

ließ, sondern sich durch die Flucht in die Schweiz dem Machtbereich der Gestapo entzog. * Der Leidensweg der Familie Schlotterbeck und der mit ihr verhafteten Verwandten und Freunde kann wohl nie mehr in allen Einzelheiten und Etappen zurückverfolgt werden. Die verhafteten Männer kamen in das Zuchthaus Ludwigsburg, die Frauen in das Amtsgerichtsgefängnis Stuttgart-Cannstatt und nach Rudersberg. In Rudersberg waren die Frauen Sofie Klenk geb. Wimmer und Emmy Seitz geb. Ramin untergebracht. In Bad Cannstatt waren vermutlich Maria Schlotterbeck geb. Kugel, Gertrud Lutz geb. Schlotterbeck und Else Himmelheber inhaftiert: Am 27. November 1944 wurden alle Sippenhäftlinge, die im Zusammenhang mit Friedrich Schlotterbecks Flucht verhaftet wurden, nach Dachau transportiert und erschossen.

Der Bruder von Friedrich Schlotterbeck, Hermann Schlotterbeck, wurde, wie im Bericht über das KZ-Lager Welzheim aufgezeichnet, zwei Tage vor dem Zusammenbruch des Dritten Reiches in Riedlingen a. D. mit zwei anderen Kameraden erschossen.

Die beiden Frauen Sofie Klenk und Emmy Seitz waren in Rudersberg in der Küche beschäftigt, isoliert von den übrigen Häftlingen. Lediglich morgens und abends wurden sie zum Appell kommandiert, und anschließend wieder weggebracht. Eine Möglichkeit, mit ihnen zu sprechen, bestand nicht. Ende November wurden sie von der Gestapo Stuttgart abgeholt. Alle wußten, es war eine gefährliche und gespannte Situation, wenn Häftlinge auf Transport kommen. Jeder lebte ständig in der Angst, auch mit fortzukommen.

Der ganze Umfang und die Zusammenhänge dessen, was hier geschehen war, kam erst nach dem Zusammenbruch der Naziherrschaft ans Tageslicht. Der Sippenmord an der Familie Schlotterbeck war typisch für das verbrecherische Nazi-Regime.

In seinem Buch „Je dunkler die Nacht, desto heller die Sterne" setzte der einzige Überlebende der Familie Schlotterbeck, Friedrich Schlotterbeck, diesen Opfern ein würdiges Denkmal. **

---

* Vgl. dazu: Gruppe Schlotterbeck, in: Willi Bohn: Stuttgart geheim! Ein dokumentarischer Bericht. Röderberg-Verlag, Frankfurt/Main 1969.
** Das Buch erschien erstmals im Europa-Verlag, Zürich 1945.

In den Bergwerken von Schörzingen

Die Schlacht um Stalingrad wurde zur Wende des Zweiten Weltkrieges. Die sieggewohnten deutschen Truppen erlitten Anfang 1943 eine entscheidende Niederlage. Mit den faschistischen „Blitzsiegen" war es ein für allemal vorbei. Aus war es auch mit dem Traum, die Reichtümer der Sowjetunion, die Kornkammern der Ukraine oder die Ölfelder von Baku, ewig für „Großdeutschland" ausbeuten zu können. Hitlers Wehrmacht wurde an allen Fronten zurückgeworfen. Dennoch wollte die faschistische Führung den „totalen Krieg". Dafür sollten alle möglichen Reserven bereitgestellt werden. So wurde auf der Suche nach Ölquellen im eigenen Land auch das Ölschiefergebiet zwischen dem Schwarzwald und der Schwäbischen Alb erforscht. Häftlinge, als billige Arbeitskräfte und moderne Sklaven, waren als Opfer dieser faschistischen „Energiepolitik" ausersehen.

Mit ungeheuren Kosten und Arbeitsaufwand wurde es möglich, durch Verschwelung aus dem Ölschiefer brauchbaren Treibstoff zu gewinnen. Trotz der unbezahlten Sklavenarbeit der KZ-Häftlinge beliefen sich die Kosten pro Liter Rohöl auf 1,50 Reichsmark, während der Handelspreis 2 Pfennig betrug. Die Ölproduktion wurde ständig gesteigert und erreichte den Höchststand mit 220 000 Liter pro Monat. Die Ausbeutung dieser Ölreserven übernahm die Firma Kohle-Öl-Union Kommanditgesellschaft, Betrieb Schörzingen.

Josef Fischer, bis 1943 im Erzbergwerk Pegnitz beschäftigt, bekam den Auftrag, eine Gruppe zuverlässiger Leute auszumachen, um in Schörzingen das neu errichtete Ölschieferwerk zu leiten.* Jeder Zivilbeschäftigte mußte vor seinem Arbeitsantritt eine Verpflichtungserklärung unterschreiben, in der verlangt wurde: 1. Über alles zu schweigen, was man im Lager sehe und höre. 2. In keiner Weise sich mit den Häftlingen einzulassen. 3. Jede Anbiederung eines Häftlings sofort zu melden. Der Schlußsatz dieser Erklärung lautete: „Ich weiß, daß ich mit meiner Einlieferung in ein Schutzhaftlager zu rechnen habe, falls ich in irgendeiner Weise gegen diese Anordnung verstoße." **

Im Umkreis von 50 km wurden in den Jahren 1943 bis 1945 elf Ölschieferbergwerke errichtet. Die privaten Firmen waren verantwortlich für den Arbeitsablauf in den Stollen der Bergwerke und dem Tagebau, während die SS-Verwaltung für die Unterbringung, Verpflegung, Bewachung und für einen nicht versiegenden Zustrom neuer Arbeitskräfte aus dem Konzentrationslager Natzweiler sorgte.

---

* Nach einer Erklärung von Josef Fischer im „Weilheimer Tagblatt" vom 12. September 1955.
** Siehe die Verpflichtungserklärung der Telefonistin Josefine Bayer Seite 52/53.

Die Errichtung des Lagers Schörzingen begann 1943 mit 70 Häftlingen und 15 SS-Bewachern. Als erste Unterkunft diente für die Häftlinge und die SS-Mannschaft eine primitive Holzbaracke von 160 qm, von der die SS-Mannschaft ein Drittel für sich beanspruchte.

Im Oktober 1944 waren im Lager 1070 Häftlinge, die in den für 400 Mann erbauten drei Baracken und vier Zelten zusammengepfercht hausen mußten. Die enge Unterkunft, die mangelhaften sanitären Einrichtungen und die miserable Ernährung waren so unmenschlich, daß auch die kräftigsten und gesündesten Häftlinge in kurzer Zeit arbeitsunfähig und krank waren. Je nach Jahreszeit mußte in den Bergwerkstollen 12 bis 16 Stunden gearbeitet werden.

Ohne Rücksicht auf die kranken und unterernährten Häftlinge wurde das Pensum des geförderten Ölschiefers dauernd gesteigert. Wer dieses Hetztempo nicht durchhielt, wurde von den Aufsehern verprügelt oder der SS zur Bestrafung gemeldet. Eine Strafmeldung wegen Arbeitsverweigerung oder Sabotage wurde im Lager von dem SS-Lagerleiter Oehler mit 25 Stockhieben bestraft.

Die Arbeit in einem Bergwerk ist immer schwer und gefährlich. Durch die bei der Ölschiefergewinnung entstehenden Gasdämpfe wird die Arbeit bei mangelhaften Entlüftungsanlagen lebensgefährlich. Viele Häftlinge brachen unter diesen brutalen Arbeitsbedingungen bewußtlos zusammen. Am anderen Tage begann für diese erschöpften Menschen die Tortur von neuem.

Für die 500 Häftlinge, die bei der Firma O. T. in dem vier Kilometer entfernten Werk Zepfenhan eingesetzt waren, wurde die Arbeit durch den langen Anmarsch noch beschwerlicher. Um 5.30 Uhr mußte dieses Kommando ausrücken und kam nach 20 Uhr wieder in das Lager zurück. Todmüde und verdreckt von Kopf bis Fuß versuchte jeder Häftling sich zuerst etwas zu reinigen. Doch selbst dieses primitivste Bedürfnis konnte nicht immer befriedigt werden, da es kein Wasser gab.

Jetzt begann die Essensverteilung, auch das Mittagessen wurde erst nach getaner Arbeit ausgegeben. Die Verpflegung für einen Tag bestand aus einem Liter Kaffee, einem Liter Suppe, 20 Gramm Marmelade oder 25 Gramm Käse und 500 Gramm Brot. Die am Abend ausgegebene Brotration war für den kommenden Arbeitstag bestimmt, wurde aber von vielen Häftlingen sofort gegessen, so daß sie am nächsten Morgen nur mit einem Liter Kaffee zur Arbeit gehen mußten. Es wurde in der Regel 22 Uhr, bis sie sich schlafen legen konnten. An eine geruhsame Nachtruhe war aber in den engen Räumen nicht zu denken. Wer Glück hatte, konnte sich zusammen mit einem Kameraden auf einem Strohsack ausstrecken. Die anderen schliefen auf Tischen und Bänken oder auf dem nackten Boden. Bettwäsche gab es keine mehr. Die dünnen, abgewetzten Decken schützten auch nicht vor der Kälte. Es blieb den Häftlingen nichts anderes übrig, als sich in der Arbeitskleidung niederzulegen.

K.L.Natzweiler   *No 7*   Natzweiler,den 18.7.1944
Abtlg.III-Arbeitseinsatz

Nach dem Auß.Kdo."Schörzingen"werden folgende Häftlinge überstellt:

1.	6595	Zigeuner		Herzberg	Willy	9.	4.21	Arbeiter	31.13
2.	8893	Pol.	RD	Mai	Walter	8.	9.21	Bäcker	
3.	10394	AZA	Pole	Jennek	Konstant.	20.	8.08	Arbeiter	
4.	15375	B.V.	RD	Meixner	Johann	23.	7.17	Stellmacher	
5.	15904	Pol.Russe		Morman	Ignatz	10.10.15		Landarb.	
6.	18846	AZA	Pole	Wienceck	Josef	4.	5.24	Schlosser	
7.	18865	KGF	Russe	Moltschanenko	Wassil	4.	7.18	Kraftfahrer	14
8.	18866	KGF	Russe	Makarow	Iwan	1.	1.47	Arbeiter	14
9.	18872	KGF	Russe	Nikolajew	Jlarion	15.	3.10	Landarb.	14
10.	18876	AZA	Russe	Pjanitzki	Elexej	29.	5.33	Lok.Führer	14
11.	18877	AZS	"	Semenko	Iwan	25.10.25		Arbeiter	14
12.	18881	KGF	"	Sewolaoow	Pjotr	8.	7.08	Schlosser	
2.	19273	B.V.	RD	Schweickert	Paul	25.	4.19	Baumaschin.	13

rücküberstellt werden 10 Häftlinge.

Der Schutzhftlagerführer

I.V. [Unterschrift]

S -Oberscharführer

[Stempel: R AU 19.7.1944]

Die Arbeitsbedingungen in den Stollen der Bergwerke, das brutale Antreibersystem der mit Knüppeln bewaffneten Aufseher machten in Verbindung mit der schlechten Ernährung und Unterbringung aus dem Lager Schörzingen bald ein Lager des Todes. Die Arbeitskommandos brachten abends auf einem besonderen Karren immer mehr Häftlinge zurück, die bei der Arbeit vor Erschöpfung zusammengebrochen waren, schon am Arbeitsplatz gestorben oder von der SS-Bewachung erschossen worden waren oder den Freitod einer längeren Quälerei vorgezogen hatten, indem sie sich aus Verzweiflung bei den Verladerampen unter die Eisenbahnzüge warfen.

In den ersten Monaten nach dem Aufbau des Lagers wurden die Leichen noch im Krematorium von Schwenningen verbrannt. Doch bald reichte die Kapazität nicht mehr aus, und Schwenningen verweigerte die weitere Annahme von Leichen aus den KZ-Lagern rund um Schörzingen und Bissingen. Nun begann die SS mit der Anlage von Massengräbern. 528 Häftlinge fanden im Lager Schörzingen den Tod. Im KZ-Friedhof bei Bissingen liegen 1158 und in Schömberg 1740 Häftlinge begraben.

In diesen Massengräbern ruht jedoch nur ein kleiner Teil der Opfer der Schieferbergwerke. Wie in allen Außenkommandos brachte man die kranken und arbeitsunfähigen Häftlinge nach Möglichkeit vor ihrem Tod in das Stammlager zurück, um sie dort sterben zu lassen oder zur Vergasung weiterzuschicken.

Ein Transportschein aus Natzweiler vom 18. 7. 1944 zeigte,* daß an diesem Tage zwölf arbeitsfähige Häftlinge nach Schörzingen überstellt und 10 kranke rücküberstellt wurden. Die Hauptverantwortlichen für diesen Massenmord, Telschow und Oehler, wurden von einem französischen Gericht in Rastatt zum Tode verurteilt.

In einer Denkschrift der Presses du Gouvernement Militaire de Rottweil/ Neckar vom 1. 7. 1945 sind die Opfer des Lagers Schörzingen namentlich aufgeführt. Der jüngste Häftling war 17, der älteste 65 Jahre alt. Unter den Opfern befanden sich: 247 Polen, 79 Bürger der UdSSR, 61 Jugoslawen, 56 Ungarn, 29 Franzosen, 23 Deutsche, 19 Italiener, 5 Tschechoslowaken, 2 Belgier, 1 Israeli, 1 Norweger, 3 Unbekannte.

„Belehrungen" an eine Telefonistin

Kohle-Öl-Union von Busse   11. 1. 45
Kommandit-Gesellschaft
Betrieb Schörzingen

Verpflichtungs-Erklärung

Ich, die Telefonistin Josefine B a y e r
geb. am 4. 1. 1920 in Schörzingen,
beschäftigt bei der Fa.: Kohle-Öl-Union, Betrieb Schörzingen
bin bei Antritt meiner Beschäftigung im KL. Natzweiler wie folgt belehrt
worden:

1. Ich habe über alle Vorkommnisse, die ich während meiner Beschäftigung im KL-Natzweiler sehe und höre, in der Öffentlichkeit und gegen j e d e r m a n n s t r e n g s t e s S t i l l s c h w e i g e n zu bewahren. Ich weiß, daß ich mich des Verrates von Staatsgeheimnissen schuldig mache, wenn ich hierüber zu irgend jemand spreche.

2. Ich darf mich in keiner Weise mit den einsitzenden Häftlingen einlassen, das heißt: Ich darf nicht mit den Häftlingen sprechen mit Ausnahmen von Arbeitsanweisungen, die ich unbedingt geben muß, wenn ich Häftlinge zur Hilfeleistung zur Verfügung gestellt bekomme. Ich darf den Häftlingen keinerlei Vergünstigungen zukommen lassen, wie Rauchwaren, Tabak, Alkohol oder ihm sonstige Geschenke an Eßwaren usw. machen. Außerdem ist es strengstens verboten, irgendwelche Nachrichten, mündlich oder schriftlich, von Häftlingen aus dem Lager zu befördern oder solche von irgendwelchen anderen Personen an die Häftlinge im Lager . . . (unleserlich).

3. Falls ein Häftling mit irgendeinem Anliegen, auch dem kleinsten, an mich herantritt, so habe ich diesen s o f o r t unter Angabe seiner Num-

* Siehe Faksimile Seite 51.

mer der Kommandantur KL-Natzweiler zu melden, bei Unterlassung einer solchen Meldung mache ich mich ebenfalls strafbar.

4. Ich bestätige durch meine Unterschrift gleichzeitig, daß ich den Ausweis Nr. 110 und die Armbinde Nr. 110 erhalten habe, für deren sorgfältige Aufbewahrung ich verantwortlich bin. Während meiner Beschäftigung im Lagerbereich muß ich diese Armbinde immer s i c h t b a r am Oberarm tragen, nach Verlassen des Lagers muß die Armbinde abgelegt und von mir sorgfältig aufbewahrt werden. Nach Beendigung meiner Beschäftigung im KL-Natzweiler muß ich den Ausweis und die Armbinde wieder auf der Schreibstube Kommandantur abgeben. Verlust der Armbinde bzw. des Ausweises zieht eine Bestrafung wegen Fluchtbegünstigung nach sich.

5. Alle Zivilkleider müssen beim Umziehen auf der Arbeitsstelle im KL-Natzweiler i m m e r verschlossen und so aufbewahrt werden, daß sich kein Häftling in den Besitz derselben setzen kann.

Ich erkenne hierdurch durch meine Unterschrift an, daß ich über die Punkte 1—5 belehrt worden bin, und ich weiß, daß ich mit meiner Einlieferung als Schutzhäftling in das Konz-Lager zu rechnen habe, falls ich in irgendeiner Weise gegen diese Anordnung verstoße.

Ausweis Nr. 110
Armbinde Nr. 110

Unterschrift:
Bayer Josefine

Welzheim

Schutzhaftlager der Gestapo

Die willkürlichen Verhaftungen brachen bis 1945 nie ab. Besonders gefährdet waren die ehemaligen Häftlinge vom Heuberg und Kuhberg. Gerade diese Verhaftungen straften Göring und die Deutsche Arbeitsfront Lügen, wenn sie in Erklärungen behaupteten, ehemalige Schutzhäftlinge dürften nicht schlechter gestellt werden als andere Volksgenossen. Wer einmal unter die Räder des Faschismus gekommen war, der blieb als Staatsfeind abgestempelt.

Es genügten ein unbedachtes Wort, Unzufriedenheit am Arbeitsplatz, aber auch eine Denunziation — und die Gestapo holte ihr Opfer bei Nacht und Nebel ab. Die Motive für solche Denunziationen waren sehr vielfältig, neben den politischen Anzeigen gegen Antifaschisten rangierten Konkurrenzneid, Eifersucht, Rachsucht und viele andere niedrige menschliche Charaktereigenschaften. Man brauchte nicht unbedingt ein aktiver Gegner des Nationalsozialismus zu sein. Während des Krieges genügte ein freundliches Wort an einen „Ostarbeiter" oder die Unterstützung dieser „Untermenschen" mit einem abgelegten Kleidungsstück oder einem Stück Brot.

Für diese Verhafteten richtete die Gestapo in Württemberg ein eigenes Schutzhaftlager ein. Karl Buck erklärte hierzu vor Gericht:

„Ich selbst habe den Gedanken des Lagers von Welzheim befürwortet, um die Leute, bevor sie ins KZ kommen und ein Schutzhaftbefehl von Berlin verlangt wurde, noch einmal in Welzheim zu überprüfen."

Wie war es wirklich? In allen Fällen, in denen trotz der brutalen Vernehmungsmethoden kein Geständnis erpreßt werden konnte, das für einen richterlichen Haftbefehl ausreichte, wurde der Schutzhaftbefehl in Berlin angefordert, und der Gefangene kam nach Dachau, Buchenwald, Mauthausen oder in ein anderes Konzentrationslager. Das gleiche geschah mit jenen politischen Gefangenen, die ihre gerichtliche Strafe verbüßt hatten und der Gestapo übergeben wurden. Wenn gar keine Haftgründe konstruiert werden konnten, blieb der Inhaftierte Monate und Jahre lang in Welzheim unter dem Kommandanten Buck und seinem Adjutanten Eberle.

1935 wurde das Amtsgerichtsgefängnis in Welzheim von der Geheimen Staatspolizei übernommen und darin ein neues Konzentrationslager eingerichtet. Zur Täuschung des In- und Auslandes wurde angeordnet, daß die Lager in Kislau und Welzheim sowie alle neu zu errichtenden Lager nicht mehr die Bezeichnung „Konzentrationslager" führen dürfen. Am Charakter dieser Lager hatte sich dadurch natürlich nichts geändert. 1940 wurde an diese Anordnung noch einmal mit folgendem Schreiben erinnert:

Der Chef der Sicherheitspolizei Berlin SW, den 3. Mai 1940
und des SD Prinz-Albrecht-Straße 8

An den Reichsführer der SS und Chef der Deutschen Polizei

Betrifft: Bezeichnung „Konzentrationslager"

Die Bezeichnung „Konzentrationslager" führen nur die der einheitlichen Führung des Inspekteurs der Konzentrationslager unterstellten Lager. Soweit noch einzelne Lager der außerpreußischen Länder, wie Welzheim, Fuhlsbüttel und Kislau, ebenfalls mit der Bezeichnung „Konzentrationslager" bestanden haben, ist die Umbenennung in „Polizeigefängnis" auf diesseitige Anordnung schon im Jahre 1936 z u r A b w e h r v o n H e t z - u n d G r e u e l p r o p a g a n d a d u r c h g e f ü h r t w o r d e n.*

Das frühere Lager Kislau hat jetzt die Bezeichnung „Arbeitshaus Kislau" und gehört der Reichsjustizverwaltung; es untersteht dem Generalstaatsanwalt in Karlsruhe.

Um zu vermeiden, daß sich die in der letzten Zeit errichteten und gegebenenfalls neu zu errichtenden Lager (Kriegsgefangenen-, Internierungs- und Arbeitslager usw.) als Konzentrationslager bezeichnen, habe ich zur Klarstellung die Befehlshaber und die Inspekteure der Sicherheitspolizei nochmals vorsorglich angewiesen, dafür zu sorgen, daß kein derartiges Lager die Bezeichnung „Konzentrationslager" oder „Anhaltelager" führen darf.

In Vertretung:
(Unterschrift unleserlich)

In das Konzentrationslager Welzheim wurden nicht nur Kommunisten und Sozialdemokraten eingeliefert. Jetzt waren alle Politiker der Weimarer Zeit, die sich nicht gleichschalten ließen, bedroht. Auch Geistliche beider Konfessionen, Juden, Zigeuner, Beamte, Soldaten, Bauern und Intellektuelle traf das gleiche Los. Während des Zweiten Weltkrieges kamen noch die sogenannten „Fremdarbeiter" oder „Ostarbeiter" sowie Kriegsgefangene in das Lager. Für nichtdeutsche Häftlinge waren die Bedingungen in Welzheim noch schlechter als für die deutschen.

Die Unterkünfte in Welzheim waren gegenüber dem Kuhberg erträglicher. Das ehemalige Amtsgerichtsgefängnis war ein Massivbau, und die sanitären Einrichtungen waren wie in allen alten Gefängnissen primitiv, aber gegenüber den Kübeln vom Kuhberg fast Luxustoiletten.

Für die Häftlinge, die längere Zeit in Welzheim verbringen mußten, gab es eine geregelte Arbeit, vor allem in der Schneiderei, der Schreinerei und der Gärtnerei. Durch die Schneiderei kamen Angehörige der SS, SA

* Die Begründung dieser Verordnung „zur Abwehr von Hetz- und Greuelpropaganda" wurde vom Autor hervorgehoben.

und der Gestapo in Stuttgart zu billigen Uniformen. Auch die Schreinerei war zum größten Teil damit beschäftigt, persönliche Wünsche zu befriedigen.

Wenn man Glück hatte, konnte man während der Erntezeit bei Bauern eingesetzt werden. Diese Kommandos waren besonders begehrt, weil sie mit einer extra Vesper und einem guten Trunk verbunden waren. Im Beisein der Bauern waren die Bewacher ebenfalls erträglicher. Ein großer Teil der Welzheimer Bevölkerung war den Häftlingen gegenüber wohlgesinnt, und die ehemaligen Häftlinge sind der Bevölkerung wegen ihrer Hilfeleistung bis heute dankbar verbunden geblieben.

Alles andere unterschied sich vom Lagerleben auf dem Heuberg und dem Kuhberg nur wenig. Die sogenannten „Sonderbehandlungen" verschärften sich von Jahr zu Jahr, und die zur Exekution bestimmten Häftlinge kamen nicht mehr alle nach Dachau, sondern wurden im Lager selbst umgebracht oder im Steinbruch erschossen.

Die Totenliste des Welzheimer Standesamtes ist unvollständig. Zur Verdeutlichung der wirklichen Verhältnisse seien hier nur einige Beispiele angeführt:

Der Häftling Friedrich Gassmann, Schlosser aus Stuttgart-Feuerbach, war parteilos. Bei der „Volksabstimmung" im April 1938 hatte er den Mut, mit Nein zu stimmen, und bekannte sich dazu öffentlich in einer Gastwirtschaft. Am anderen Morgen wurde er verhaftet und nach Welzheim gebracht. Wer ihn denunziert hatte, ist unbekannt. Eines Tages erklärte er dem Lagerführer Eberle, daß er das Leben im Lager nicht mehr aushalte. Daraufhin gab ihm Eberle einen Strick mit der Bemerkung, er könne sich damit aufhängen. Gassmann tat dies jedoch nicht. Einige Tage später wurde er mit zwei anderen Häftlingen weggebracht, vermutlich nach Stuttgart. Seither fehlt von ihm jede Spur.

In der Gerichtsverhandlung der II. Entschädigungskammer des Landesgerichts Stuttgart am 28. Oktober 1955 wurde Karl Buck in dieser Sache als Zeuge vernommen. Wie üblich wußte er von nichts. Er erklärte: „Ich kann nichts darüber sagen, ob der Ehemann der Klägerin in Welzheim war. Ich halte es für völlig ausgeschlossen und unmöglich, daß der Ehemann der Klägerin einfach spurlos verschwunden ist. Wenn er nach Buttenhausen oder in ein KZ gekommen wäre, dann wäre er in den Transportlisten verzeichnet gewesen, und die Familie wäre benachrichtigt worden."

Der Fall Gassmann ist bis heute nicht aufgeklärt. In den Konzentrationslagern und den Gestapo-Dienststellen wurden die belastenden Unterlagen 1945 vor dem Einmarsch der alliierten Truppen vernichtet, dazu gehörten vor allem die Toten- und Transportlisten. Fest steht, daß Albert Gassmann in Welzheim war und daß ihn Buck mit unbekanntem Ziel wegbrachte. Es ist mit Sicherheit anzunehmen, daß er ermordet und seine Leiche spurlos beseitigt wurde.

Der Kamerad Reinhold Bechtle aus Löchgau kam Anfang Januar 1938 zum zweitenmal in Schutzhaft. Er war der Leiter einer antifaschistischen Widerstandsgruppe. Da er trotz aller Folterungen seine Mitarbeiter nicht preisgab, wurde ihm im Polizeigefängnis in Stuttgart eröffnet, daß er diesmal nach Dachau komme und keine Aussicht habe, seine Heimat jemals wiederzusehen. Was sonst mit ihm geschah, weiß niemand.

Als er in Welzheim ankam, konnte er kaum mehr stehen und gehen. Trotzdem wurde er keinem Arzt vorgestellt, sondern kam sofort in den Arrestbunker. Zu dem Kalfaktor der Arrestzelle, der ihm abends das Essen bringen mußte, sagte Bechtle noch: „Seit meiner Vernehmung im ‚Silber' (Polizeigefängnis in Stuttgart) kann ich nichts mehr essen, laßt mich doch in Ruhe." Am 13. Januar 1938 fand man Reinhold Bechtle erhängt in seinem Bunker.

Ein krasses Beispiel der Unmenschlichkeit der braunen Machthaber ist das Schicksal des aus Stuttgart-Feuerbach stammende Antifaschisten Wilhelm Noller. Er wurde 1937 unter dem Verdacht, als illegaler Kurier tätig gewesen zu sein, verhaftet. Da man ihm aber dies nicht nachweisen konnte, wurde er freigesprochen. Daraufhin brachte ihn die Gestapo in das KZ Welzheim. Dort ist er geflohen, wurde aber wieder ergriffen und schwer mißhandelt. Als Krüppel wurde er entlassen und in das Bürgerhospital Stuttgart eingewiesen. Von dort wurde Wilhelm Noller am 27. 2 1939 in die Heilanstalt Zwiefalten verlegt, wo er am 8. 10. 1942 im Alter von 31 Jahren an den Folgen der Mißhandlungen verstorben ist.

Wie viele Ausländer in Welzheim erschlagen, erschossen und aufgehängt wurden, ist nicht bekannt. Die Eintragungen im Standesamt von Welzheim sind unvollständig, und die auf dem Friedhof beigesetzten Opfer beschränken sich hauptsächlich auf jene Fälle, die im Lager selbst den Tod fanden. Die Leichen der im nahegelegenen Steinbruch Erschossenen kamen in der Regel nicht auf den Friedhof von Welzheim.

Selbst nach dem Tode gönnten die Nationalsozialisten ihren politischen Gegnern keine Ruhe. Der Friedhofswärter von Welzheim berichtete nach der Befreiung Deutschlands von der nationalsozialistischen Herrschaft, daß er seit Bestehen des KZ-Lagers Welzheim bis zum Jahre 1945 bei seinem morgendlichen Gang durch den Friedhof öfter eine Leiche fand, die man einfach über die Friedhofsmauer geworfen hatte.

Im Sommer 1944 arbeitete in der Metallfabrik Bauer ein Kommando von zehn bis zwölf Häftlingen, abgesondert von den deutschen Arbeitern, in einem Nebengebäude unter der Aufsicht von SS-Hilfswilligen. Diese Hiwis, wie sie kurz genannt wurden, waren vor allem Angehörige der Wlassow-Armee aus der Sowjetunion, die der Waffen-SS unterstellt waren. Sie wurden in Konzentrationslagern eingesetzt und waren überall als die brutalsten Menschenschinder und Henker bekannt. Ein solcher SS-Hiwi aus der Ukraine hatte das Kommando über die bei Bauer beschäftigten Häftlinge, die alle zwangsverschickte Bürger der Sowjetunion waren. Diese Hiwis behandelten ihre Landsleute mit Wissen der deutschen Vorgesetzten mit aller Brutalität. Bei einer solchen Quälerei schlug ein Häftling mit einem Hammer, den er zu seiner Arbeit in der Hand hatte, zurück und traf den SS-Hiwi auf den Kopf. Darauf flüchteten sieben Häftlinge in die Wälder, drei blieben zurück. Ein sofort alarmiertes Kommando unter dem Lagerleiter Eberle erschien kurze Zeit darauf in der Fabrik und erschoß die zurückgebliebenen Arbeiter, ohne sich um den näheren Sachverhalt zu kümmern, ohne auch nur zu fragen, wer den Hiwi erschlagen habe. Unter Aufbietung von einigen 100 Mann wurden die Geflohenen im Welzheimer Wald wieder aufgegriffen und ohne Verhör im Steinbruch erhängt.

Erhängt im Steinbruch

Die Gestapo erteilte Ende 1941 dem Lagerleiter Hermann Eberle die Anweisung, die Exekution von polnischen Gefangenen vorzubereiten. In der Häftlingsschreinerei mußte ein transportabler Galgen hergestellt werden. Der Gestapobeamte Ludwig Thumm bestimmte als Hinrichtungsort den Steinbruch bei der Boxeiche. Der damalige Krankenhausarzt Dr. Boltze wurde zu diesen Exekutionen hinzugezogen. Während seiner Abwesenheit von Welzheim wurde er bei späteren Hinrichtungen von einem anderen Arzt vertreten.

Am 28. September 1949 erklärte der verantwortliche Lagerleiter Eberle bei einer Vernehmung vor der Spruchkammer in Ludwigsburg, daß die Häftlinge von der Gestapo Stuttgart in das Konzentrationslager Welzheim eingeliefert wurden. Kam dann der Befehl zur Exekution, dann wurden zwei Henker gesucht, die mit fünf Mark für ihre Arbeit entlohnt wurden.

Die Gefangenen mußten einen Tisch besteigen, der dann von den Henkersknechten unter ihren Füßen weggezogen wurde. Später wurde eine Holztreppe angefertigt, deren oberste Stufe eine Falltür war, die man, nachdem dem Häftling der Strick um den Hals gelegt worden war, löste.

Bei den ersten Hinrichtungen war der Chef der Stuttgarter Gestapo, Mussgay, persönlich anwesend und verlas die Exekutionsbefehle, die ein Dolmetscher übersetzte. Ohne richterliche Untersuchungen und ohne ein gerichtliches Urteil wurden diese Hinrichtungen vorgenommen. Ein Befehl der Geheimen Staatspolizei entschied über Leben und Tod. Den Nationalsozialisten ging es bei diesen Morden in erster Linie darum, die Millionen Gefangenen in den Konzentrations-, Kriegsgefangenen- und Arbeitslagern einzuschüchtern. Deshalb mußten zur Abschreckung die polnischen Zwangsarbeiter, die in der Umgebung von Welzheim beschäftigt waren, auch einzeln an den Erhängten vorbeimarschieren. In der Folgezeit beschränkten sich die Morde im Steinbruch nicht nur auf polnische Zwangsarbeiter. Wie viele Kriegsgefangene und Zivilverschleppte dort ihren Tod fanden, läßt sich nicht mehr feststellen. Nach den Angaben des Lagerlei-

ters Eberle wurde nur ein Teil der Ermordeten auf dem Friedhof von Welzheim begraben. Auf Anweisung der Gestapo mußten auch Leichen nach
Tübingen an die Universitätskliniken gebracht werden.

Tod durch Verhungern

Der Tag, an dem der sowjetische Kriegsgefangene Josef Aljberdowsky in
das KZ Welzheim eingeliefert wurde, läßt sich nicht mehr genau feststellen. Der Lagerleiter Hermann Eberle gab als Termin Ende August oder
Anfang September 1944 an.

Kriminalinspektor Gottfried Mauch war seit 1942 bei der Geheimen Staatspolizei in Stuttgart Leiter der sogenannten „Russendienststelle", dem alle
Ostarbeiterangelegenheiten unterstanden. In dieser Eigenschaft bearbei-
tete er auch den Fall Aljberdowsky und brachte ihn persönlich nach Welzheim.

Der Kriegsgefangene Aljberdowsky war Arzt, und die Gestapo beschul-
digte ihn, als Mitglied einer Widerstandsbewegung mit deutschen Ärzten
und Offizieren Verbindung aufgenommen und sich kritisch über den Nazismus geäußert zu haben. Da Kriminalinspektor Mauch noch im Jahre 1944
auf Karriere bedacht war, wollte er von Aljberdowsky auf Biegen und
Brechen wissen, mit wem er Verbindung habe. Doch Aljberdowsky
schwieg. In Welzheim angekommen, gab Mauch die Anweisung: „Der be-
kommt solange nichts zu essen, bis er bereit ist, mit mir zu sprechen."
Daraufhin wurde Aljberdowsky zunächst auf halbe Kost gesetzt.

14 Tage später kamen wieder zwei Gestapobeamte zur Vernehmung nach
Welzheim. Doch ohne Erfolg mußten sie abziehen. Anschließend gab
Eberle dem für die Häftlingsküche verantwortlichen Schutzhäftling Karl
Meier den Befehl: „Der bleibt jetzt solange ohne Essen und Trinken lie-
gen, bis er vollends verreckt."

Schon völlig erschöpft hat Aljberdowsky auch acht Tage später bei einer
dritten Vernehmung nichts verraten. Er blieb standhaft bis zu seinem Tode.
In dem Sterbebuch des Standesamtes Welzheim ist vermerkt: „Josef
Aljberdowsky, verh., sow.-russ. Arzt, geb. 1. 2. 1903, gestorben 25. 9.
1944, 40 Jahre alt, allgemeiner Kräfteverfall (Total abgemagert, schauder-
haft)."

Die Schreibtischmörder haben den Kriegsgefangenen Josef Aljberdowsky
scheußlich und brutal umgebracht. In den Verhandlungen 1949 vor der
Spruchkammer in Ludwigsburg und 1950 vor dem Schwurgericht Stuttgart
versuchte keine Krähe der anderen die Augen auszuhacken. Keiner wollte
verantwortlich sein für den Hungertod von Aljberdowsky. Jeder schob die
Schuld auf den anderen.

Ob der Lagerleiter Eberle, der Kriminalinspektor Mauch oder der Chef
der Gestapo, Mussgay, der Hauptverantwortliche war, ist für eine histo-

rische Betrachtung unerheblich. Schuldig sind alle drei, schuld ist das ganze faschistische Terror- und Unrechtssystem.

Nachdem der Mitbeschuldigte und Hauptbelastungszeuge gegen Mauch, Hermann Eberle, in Schorndorf durch Selbstmord aus dem Leben geschieden war, wurde der Gestapobeamte Mauch in der Hauptverhandlung aus Mangel an Beweisen freigesprochen.

Erschossen im Steinbruch

Im März 1945 erhielt der Lagerleiter Eberle von dem Gestapomann Mauch aus Stuttgart die telefonische Mitteilung, daß auf Befehl des Gestapochefs Mussgay fünf russische Häftlinge nach Welzheim zur Erschießung überstellt würden. Was diesen fünf Bürgern der UdSSR vorgeworfen wurde, blieb unbekannt. Auch bei den gerichtlichen Untersuchungen nach dem Ende der Naziherrschaft konnte keiner der beteiligten Gestapoleute darüber etwas aussagen. Es konnte auch nicht mehr festgestellt werden, ob es sich um Kriegsgefangene oder zwangsverschleppte Zivilarbeiter handelte.

Nach Aussagen von Eberle vor der Spruchkammer in Ludwigsburg kam zur gleichen Zeit mit dem Gefangenentransport der SS-Sturmbannführer Strube nach Welzheim. Beide leiteten am 27. März 1945 im Steinbruch bei der Boxeiche die Exekutionen. Die Erschießungen selbst mußten von russischen Hilfswachtmeistern durchgeführt werden. Sie erhielten den Befehl, die Exekutionen mit Pistolen durch Genickschüsse durchzuführen.

Dieser Sachverhalt wurde weder von Eberle noch von den angeklagten Beamten der Gestapo vor der Spruchkammer Ludwigsburg und vor dem Schwurgericht in Stuttgart im Jahre 1950 bestritten. Für die Befehlsausgabe nach Welzheim wollte jedoch keiner verantwortlich sein. Wie üblich schob einer dem anderen die Schuld zu, und als sich Eberle im Gefängnis in Schorndorf erhängte, wurde natürlich er als der Schuldige bezeichnet.

In der Anklageschrift gegen den beschuldigten Mauch heißt es zu diesem Fall: „Da die Beweggründe der Tötung nicht ersichtlich sind und ihre Ausführung weder als grausam noch als heimtückisch bezeichnet werden kann, sind die Taten als Totschlag anzuschauen."

Sind die am Schreibtisch ausgeheckten und planmäßig durchgeführten Erschießungen von fünf Menschen Mord oder Totschlag? Ob Mord oder Totschlag — ein mehrfaches Verbrechen wurde begangen. Die Mörder oder Totschläger wurden aus Mangel an Beweisen freigesprochen. Dem Verbrechen folgte die Justiztragödie.

Auszug aus den Sterbebüchern von Welzheim:

„Wassilij Jurtschenko ist am 27. März 1945 um 21 Uhr 45 Minuten auf Markung Welzheim verstorben. Der Verstorbene war geboren am 5. 2. 32 in Skarad. Der Verstorbene war nicht verheiratet. Todesursache: Erschossen.

Anatolij Scharapow ist am 27. März 1945 um 21 Uhr 45 Minuten auf Markung Welzheim verstorben. Der Verstorbene war geboren am 21. 5. 1920 in Nowo-Sibirsk. Der Verstorbene war nicht verheiratet. Todesursache: Erschossen.

Nikolay Gross ist am 27. März 1945 um 21 Uhr 45 Minuten verstorben. Der Verstorbene war geboren 1926 in Pawloska. Der Verstorbene war nicht verheiratet. Todesursache: Erschossen.

Dimitrij Fjasanow ist am 27. März 1945 um 21 Uhr 45 Minuten auf Markung Welzheim verstorben. Der Verstorbene war geboren am 27. 9. 1918 in Nowo-Sesibirses. Der Verstorbene war nicht verheiratet. Todesursache: Erschossen.

Dimitrij Mironow ist am 27. März 1945 um 21 Uhr 45 Minuten auf Markung Welzheim verstorben. Der Verstorbene war geboren am 25. 2. 1923 in Dobrunj. Der Verstorbene war nicht verheiratet. Todesursache: Erschossen."

Der letzte Mord

Auf Befehl des Reichsführers SS Heinrich Himmler sollten alle Konzentrationslager vor dem Anrücken der alliierten Truppen aus Ost und West geräumt und sämtliche Beweisstücke ihrer Terrormethoden vernichtet werden. Kein KZ-Häftling sollte lebend in die Hände der Alliierten fallen.* Nur dem raschen Vorrücken der Befreiungstruppen ist es zu verdanken, daß dieser Befehl nicht mehr ausgeführt werden konnte.

Deshalb wurde auch Welzheim Mitte April 1945 evakuiert. Zu dieser Zeit waren noch 47 Häftlinge im Lager. Der Transport erfolgte von Welzheim ab mit Lastwagen in Richtung Oberschwaben — Bodensee. Unterwegs mußten die Häftlinge aussteigen und den Marsch zu Fuß fortsetzen.

Zu den letzten Opfern des Konzentrationslagers Welzheim gehörten die Häftlinge

Gottlieb Aberle,
Hermann Schlotterbeck,
Andreas Stadler.

Sie wurden in der Nacht vom 18. zum 19. April 1945 in einem Waldstück bei Riedlingen von Beamten der Geheimen Staatspolizei Stuttgart erschossen.

Am Sonntag, dem 22. April 1945, erfolgte die Besetzung der Landeshauptstadt Stuttgart durch französische Truppen.

* Am 14. April 1945 erließ Himmler an die Lagerkommandanten der noch bestehenden Konzentrationslager folgenden Funkspruch: „Die Übergabe kommt nicht in Frage. Das Lager ist sofort zu evakuieren. Kein Häftling darf lebendig in die Hände des Feindes fallen." (Vgl.: Gertrud Meyer: Nacht über Hamburg. Berichte und Dokumente 1933—1945. Röderberg-Verlag, Frankfurt/Main 1971, S. 191.)

In Welzheim war die Bewachungsmannschaft noch einige Tage damit beschäftigt, ihre Spuren zu verwischen. Polizeiakten, Namenslisten der Häftlinge, Abrechnungen von den Betrieben, in denen Häftlinge beschäftigt waren, wurden verbrannt. Dadurch kann manches Verbrechen von Welzheim nicht restlos geklärt werden. Doch sind die festgehaltenen Beispiele von Tatsachen so eindeutig, daß es keiner weiteren Beweise mehr bedarf, um die brutalen, menschenfeindlichen Methoden des Faschismus zu kennzeichnen.

Am 3. Mai 1945 flüchtete der letzte KZ-Bewacher aus Welzheim.

Konzentrationslager in Baden und Württemberg

Alle Beschwörungen und die neuen Namensgebungen für die ständig zunehmende Zahl von KZ-Lagern änderten nichts an den Tatsachen und konnten die Weltöffentlichkeit nicht täuschen. Die Eskalation des faschistischen Terrors steigerte sich bis zur totalen Niederlage und Kapitulation der faschistischen Herrschaft am 8. Mai 1945.

Der ehemalige Schutzhäftling Bruno Lindner hat durch mühevolle Ermittlungen und Verwertung aller erreichbaren Unterlagen und Dokumente die in Baden und Württemberg vorhandenen Lager zusammengestellt unter dem Titel: „Kennst du das Land . . .?" * Darin sind 74 Konzentrations- und Internierungslager verschiedener Art aufgeführt. Darüber hinaus sind über 500 Zwangsarbeitslager verzeichnet, in denen die „Fremdarbeiter" aus ganz Europa als moderne Arbeitssklaven eingesetzt waren. Die Außenkommandos (Akdo) der folgenden unvollständigen Liste wurden von den großen Hauptlagern verwaltet und von dort mit Häftlingen und der Wachmannschaft beschickt. In allen diesen Lagern herrschte das gleiche Gesetz. Bei schlechtester Ernährung und Unterbringung mußten die Häftlinge in einem mörderischen Tempo in Steinbrüchen und in der Rüstungsindustrie bis zum physischen Ruin arbeiten. Diese Arbeitssklaven waren billiger als die Sklaven des Altertums. Der römische Sklavenhalter ernährte seine Sklaven wenigstens ausreichend, um ihre Arbeitskraft so lange wie möglich ausnützen zu können. Neue Sklaven waren teuer. In der modernen Sklaverei des NS-Staates zahlte der Unternehmer achtzig Reichspfennig für jeden Häftling pro Tag an die SS. In den 74 Konzentrations- und Internierungslagern registrierte man 6241 verstorbene Häftlinge. Doch ist dies nur der geringste Teil der Opfer, die auf dieser grausigen Walstatt blieben. Denn wenn ein Häftling krank oder durch die Unterernährung arbeitsunfähig wurde, dann kam er in das Hauptlager zurück. Durch neue, gesunde Häftlinge mußte das verbrauchte „Menschenmaterial" ersetzt werden. Im Hauptlager z. B. in Dachau kamen diese kranken und schwachen Menschen in einen besonderen Block, den sogenannten Invalidenblock. In eine solche Baracke, die für 200 Mann gebaut war, pferchte man über tausend Häftlinge hinein. Waren die Invalidenblocks so überfüllt, daß einfach niemand mehr hineingestopft werden konnte, dann wurde ein neuer Invalidentransport zusammengestellt.

Zu diesem Zweck mußten alle kranken Häftlinge auf dem Appellplatz antreten und sich, ob Sommer oder Winter, völlig nackt ausziehen. Dann begann die Selektion. Ein Blick des Lagerarztes genügte, durch einen Wink mit dem Daumen entschied er, ob der vor ihm stehende Häftling wieder

---

* Die Arbeit von Bruno Lindner wurde bisher noch nicht veröffentlicht.

zurück in seinen Block konnte oder ausgesondert wurde. Die abgesonderten Häftlinge wurden zu einem Invalidentransport von ca. eintausend Mann zusammengestellt und noch an demselben Tag zur Vergasung abtransportiert. So fällten der Lagerarzt und der Lagerkommandant in einer Stunde eintausend Todesurteile über Menschen, die zuvor krank und elend gemacht wurden. In den Höllen von Auschwitz und Maidanek wurde dann das Verbrechen vollendet.

Alphabetisches Verzeichnis von Konzentrationslagern in Baden und Württemberg

Aistaig	Arb.-Erzieh.-Lager Feld- u. Straßenarbeit	Häftlingsz. unbekannt
Asbach	Akdo KZ Natzweiler	200 Häftlinge
Ankenbuck	Badisches KZ-Lager	125 Häftlinge
Aufkirch	Akdo KZ Dachau	Häftlingsz. unbekannt
Baden-Baden	Akdo KZ Natzweiler	Häftlingsz. unbekannt
Baden-Oos	Akdo KZ Natzweiler	Häftlingsz. unbekannt
Bad Rappenau	Akdo KZ Natzweiler Barackenbau	60 Häftlinge
Biberach	Akdo KZ Buchenwald	Häftlingsz. unbekannt
Binau	Akdo KZ Natzweiler	Häftlingsz. unbekannt 126 Tote
Bietigheim	Zwangsarbeitslager	350—400 Häftlinge
Bisingen	Akdo KZ Natzweiler Gruppe Wüste	Häftlingsz. unbekannt 1158 Tote
Calw	Akdo KZ Natzweiler Einsatz für LUFAG	135 Häftlinge (Frauen)
Daudenzell	Akdo KZ Natzweiler	150 Häftlinge
Dautmergen	Akdo KZ Natzweiler	657 Häftlinge
Dellmensingen	Sammellager für Juden	
Derdingen	Akdo KZ Natzweiler in Ludwigsburg eingesetzt	100 Häftlinge
Dormettingen	Akdo KZ Natzweiler	3000 Häftlinge
Ebersbach/Fils	Akdo KZ Natzweiler	Häftlingsz. unbekannt
Echterdingen	Akdo KZ Natzweiler auf dem Flugplatz einges.	600 Häftlinge 72 Tote (Tailfingen)
Ellwangen	Akdo KZ Dachau	Häftlingsz. unbekannt
Ellwangen 2	Akdo KZ Natzweiler	Häftlingsz. unbekannt 5 Tote
Erzingen	Akdo KZ Natzweiler	150 Häftlinge
Fischen i. Allg.	Akdo KZ Dachau für Fa. Messerschmitt	250 Häftlinge

Friedrichshafen	Akdo KZ Dachau beschäftigt bei den Firmen: Zahnradfabrik (Balluf & Springer) / Aluminiumwerke / Reichsbahn-Ausbesserungsw. / Maybach Motoren / Dornier	400 Häftlinge
Friedrichshall/ Kochendorf	Akdo KZ Natzweiler besch. b. Heinkel-Flugzeugwerke	1600 Häftlinge 382 Tote
Frommern	Akdo KZ Natzweiler	64 Häftlinge
Geislingen/St.	Akdo KZ Natzweiler für Firma WMF	230 Häftlinge
Guttenbach	Akdo KZ Natzweiler	Häftlingsz. unbekannt
Hailfingen	Akdo KZ Natzweiler	Häftlingsz. unbekannt
Haslach	Akdo KZ Schirmeck für Fa. Daimler-Benz	800 Häftlinge 240 Tote
Hessental	Akdo KZ Natzweiler f. Fliegerhorst Schw.-Hall	800 Häftlinge
Heuberg	Das erste KZ in Württemberg	ca. 15000 Häftlinge
Heuberg	Ausbildungsl. des BB 999	39 Tote
Heidenheim	Akdo des KZ Dachau für SS-Versuchsanstalt	Häftlingsz. unbekannt
Iffelheim	Akdo KZ Natzweiler für HWL-SS	Häftlingsz. unbekannt
Karlsruhe	2 Arbeitserziehungslager	Häftlingsz. unbekannt
Kislau	Badisches KZ	Häftlingsz. unbekannt
Lauffen a. N.	Mischlings-Lager	Häftlingsz. unbekannt
Mannheim	Arbeitserziehungslager	Häftlingsz. unbekannt
Mannheim-Sandhofen	Akdo KZ Natzweiler bei Fa. Daimler-Benz	1060 Häftlinge
Moosbach	Akdo KZ Dachau	Häftlingsz. unbekannt
Neckarbischofsheim	Akdo KZ Natzweiler	120 Häftlinge
Neckarelz I und II	Akdo KZ Natzweiler	ca. 3000 Häftlinge
Neckargartach	Akdo KZ Natzweiler	191 Tote
Neckargerach	Akdo KZ Natzweiler Stollenbau	1200 Häftlinge
Neunkirchen	Akdo KZ Natzweiler	Häftlingsz. unbekannt
Niederbühl ü. Rast.	Arbeitserziehungslager	Häftlingsz. unbekannt
Oberndorf	Arbeitserziehungslager	Häftlingsz. unbekannt
Offenburg	10. SS-Eisenbahn-Baubrigade	Häftlingsz. unbekannt

Radolfzell	Akdo KZ Dachau für SS-Unterf.-Schule	50 Häftlinge
Reutlingen	Zwangsarbeitslager	3950 Personen
Rastatt	Akdo KZ Natzweiler	Häftlingsz. unbekannt
Rotenfels	Akdo KZ Natzweiler	Häftlingsz. unbekannt 27 Tote
Rudersberg	Arbeitserziehungslager für Frauen	Häftlingsz. unbekannt
Sandweier	Akdo KZ Natzweiler	Häftlingsz. unbekannt
Saulgau	Akdo KZ Dachau	Häftlingsz. unbekannt
Schelklingen	SS-Abfert.-Lager	Häftlingsz. unbekannt
Schloß Kaltenstein (Vaihingen/Enz)	sogen. Krankenlager Akdo KZ Natzweiler	600 Häftlinge ca. 1500 Tote
Schömberg	Akdo KZ Natzweiler im Ölschieferbruch	Häftlingsz. unbekannt 1740 Tote
Schörzingen	Akdo KZ Natzweiler im Ölschieferbruch	1070 Häftlinge 549 Tote
Schwäbisch-Hall	Akdo KZ Natzweiler	Häftlingsz. unbekannt
Schwenningen	Zwangsarbeitslager	1945 Personen
Spaichingen	Akdo KZ Natzweiler	96 Tote
Schwetzingen	Akdo KZ Natzweiler	Häftlingsz. unbekannt
Stuttgart	Akdo KZ Sachsenhausen SS-Baubrigade 7/8/9 besch. b. Reichsbahn-Ausbesserungswerk	1500 Häftlinge
Sulz a. N.	Akdo KZ Natzweiler	Häftlingsz. unbekannt
Unterriexingen	Akdo KZ Natzweiler Flugplatz Großsachsenh.	300 Häftlinge
Ulm/Donau	Akdo KZ Dachau Fa. Klöckner-Humboldt	40 Häftlinge
Ulm/Kuhberg	Konzentrationslager	Häftlingsz. unbekannt
Überlingen	Akdo KZ Dachau b. Fa. „Magnesit"	700 Häftlinge
Villingendorf	Sicherungsl. KZ Vorbruck-Schirmeck	Häftlingsz. unbekannt
Wasseralfingen	Akdo KZ Dachau für Alfingerwerke	200 Häftlinge 60 Tote
Weissenstein	Judenlager	Häftlingsz. unbekannt
Welzheim	Konzentrationslager	Häftlingsz. unbekannt 61 Tote

Bewährungsbataillon 999

Während des Zweiten Weltkrieges trafen sich viele ehemalige KZ-Häftlinge wieder auf dem Heuberg. Diesmal nicht als Häftlinge, sondern als „Strafsoldaten" Adolf Hitlers im „Bewährungsbataillon 999". Nach dem Wehrgesetz vom 16. März 1935, mit dem die allgemeine Wehrpflicht eingeführt worden war, gab es eine Kategorie von deutschen Staatsbürgern, die für „wehrunwürdig" erklärt worden war. Alle Männer, die aus politischen oder kriminellen Gründen mit Gefängnis oder Zuchthaus bestraft worden waren, erhielten einen entsprechenden „Ausschließungsschein" als amtliches Dokument für ihre „Wehrunwürdigkeit". Das änderte sich jedoch Ende 1942, als die Zeit der Blitzkriege vorbei war und die Verluste der Wehrmacht immer größer wurden. Am 2. Oktober 1942 verfügte das Oberkommando der Wehrmacht (OKW), auch „Wehrunwürdige" zum Kriegsdienst einzuziehen. So wurden in einer Zeit, als sich die Niederlage Hitler-Deutschlands bereits abzeichnete, auch die einst „Wehrunwürdigen" plötzlich „wehrwürdig" und in sogenannte „Bewährungsbataillone" gepreßt. Sie hatten verschiedene Bezeichnungen *. Bis ungefähr Mitte des Jahres 1944 wurden 38 solcher Bataillone mit einer Gesamtstärke von etwa 34000 Mann aufgestellt. Davon waren ungefähr 12000 politische aktive Gegner des Hitler-Regimes. **

Der Truppenübungsplatz Heuberg wurde zu einer Ausbildungsstätte eines bunt zusammengewürfelten Haufens. Ehemalige Häftlinge, die ihre Strafe längst verbüßt hatten, bekamen den Gestellungsbefehl. Gefängnisse und Zuchthäuser wurden nach wehrtüchtigen Gefangenen durchforscht, die sofort in geschlossenen Transporten auf den Heuberg kamen. Von den „Auszubildenden" waren über 40 Prozent politische Gegner der Naziherrschaft.

Die Behandlung der 999er unterschied sich von der Behandlung der früheren KZ-Häftlinge in denselben Baracken nur wenig. Der in der Wehrmacht übliche Drill wurde hier zur sadistischen Orgie gesteigert. Besuche im Lager waren nicht gestattet, und Ausgangserlaubnis gab es selten. Die Frauen, die ihre Männer, Mütter, die ihre Söhne besuchen wollten, konnten sie oft nur durch den Stacheldraht sprechen. Die geringsten Wider-

---

* Nach einem Bericht von Kurt Kienzle, der auf dem Heuberg im Ausbildungslager war, lautete die Bezeichnung seiner Einheit „Afrika-Schützendivision 999", die von einem Oberst Thomas aufgestellt wurde.
** Literatur über Bewährungseinheiten besteht kaum. In der kriegsgeschichtlichen Literatur der Bundesrepublik werden die „999er" meistens ausgespart — wenn man von oberflächlichen Darstellungen absieht, die nur von Kriminellen und degradierten Soldaten sprechen. Ein Bericht über die „Ausbildung" auf dem Heuberg und über Widerstandsaktionen im Fronteinsatz veröffentlichte Kurt Nettball in dem Sammelband: Unter der Roten Fahne. Erinnerungen alter Genossen. Dietz Verlag, Berlin 1958, S. 300ff.

setzlichkeiten oder Ausgangsüberschreitungen mußten mit dem Tode bezahlt werden. In der Zeit vom 25. Dezember 1942 bis 17. November 1943 wurden laut Eintragungen im Standesamtsregister von Stetten a. k. M. 39 Soldaten erschossen. *

Der Einsatz dieser Strafdivision an der Front glich dem eines verlorenen und aufgegebenen Haufens. Es war ein Himmelfahrtskommando, wie in der Landsersprache solche Sonderkommandos genannt wurden. So erfolgte der erste Einsatz in Tunis 1943 in einer Situation, in der die Wehrmacht bereits auf dem unaufhaltsamen Rückzug war und verzweifelt versuchte, die Truppen nach Europa zu verschiffen. Die 999er waren dazu ausersehen, um den Preis ihrer völligen Vernichtung diesen Rückzug zu decken.

Um den fehlenden Kampfwillen zu ersetzen und die brüchige Disziplin aufrechtzuerhalten, wurde im April 1943 befohlen, für jeden Überläufer zehn Mann zu erschießen. Doch alle drakonischen Maßnahmen konnten nicht verhindern, daß die deutschen Truppen Afrika räumen mußten und das Bewährungsbataillon fast restlos aufgerieben wurde. Andere Einsätze in Griechenland, Jugoslawien und der Sowjetunion verliefen in ähnlicher Form.

Die Geschichte der 999er zeigt, zu welch makabren Mitteln die Militärmaschinerie greift, wenn anstelle des erhofften glorreichen Sieges die Vernichtung droht.

Liste der auf dem Heuberg erschossenen „Bewährungssoldaten"

	geboren	erschossen
Hofer, Walter	24. 5. 1917	12. 12. 1942
Zaworski, Alex	5. 6. 1911	19. 12. 1942
Tesch, Albert Otto	14. 8. 1917	23. 12. 1942
Suck, Heinrich	3. 6. 1923	17. 3. 1943
Mohrholz, Julius	12. 12. 1915	22. 3. 1943
Gunkel, Walter	12. 1. 1923	22. 3. 1943
Ast, Kurt	24. 9. 1914	22. 3. 1943
Albrecht, Max Friedrich	9. 9. 1903	29. 3. 1943
Lorenz, Alois	10. 7. 1909	2. 4. 1943
Hilche, Wilhelm Friedrich	24. 7. 1904	17. 5. 1943
Röthel, Ludwig	7. 6. 1905	17. 5. 1943
Güttner, Willi	22. 11. 1909	5. 6. 1943
Jordan, Helmut	15. 11. 1912	5. 6. 1943
Deutsch, Johann	12. 2. 1909	19. 6. 1943

* Siehe die angefügte Totenliste.

	geboren	erschossen
Braunwald, Wilhelm	12. 10. 1906	19. 6. 1943
Brehm, Engelhart	16. 10. 1920	10. 7. 1943
Bräutigam, Fritz	22. 5. 1913	10. 7. 1943
Wedel, Wilhelm	26. 4. 1911	10. 7. 1943
Seewald, Johann	9. 3. 1919	10. 7. 1943
Herrmann, Hans	5. 10. 1919	19. 7. 1943
Kamola, Johann	29. 6. 1919	20. 7. 1943
Zwigel, Johann	22. 7. 1904	5. 8. 1943
Bernauer, Heinrich	9. 5. 1910	5. 8. 1943
Kaderka, Josef	25. 2. 1920	11. 8. 1943
Birkholz, Günther	22. 9. 1918	18. 8. 1943
Klarhowski, Paul	1. 6. 1902	7. 9. 1943
Zinner	5. 6. 1922	7. 9. 1943
Melicher, Josef	11. 7. 1915	9. 9. 1943
Burster, Karl	24. 2. 1909	9. 9. 1943
Käsemadel, Karl	21. 1. 1907	15. 9. 1943
Schröder, Günther	6. 11. 1920	18. 9. 1943
Nibb, Wilhelm	20. 2. 1913	9. 10. 1943
Ahrens, Friedrich	12. 11. 1921	16. 10. 1943
Küntzeler, Nikolaus	27. 6. 1921	30. 10. 1943
Schwebig, Kurt	30. 7. 1918	30. 10. 1943
Pfüller, Horst	16. 4. 1917	30. 10. 1943
Groh, Alois	24. 4. 1910	13. 11. 1943
Chabowski, Boleslaw	28. 2. 1918	17. 11. 1943
Krist, Stefan	18. 12. 1921	17. 11. 1943

Grafeneck

Vernichtungslager für kranke Menschen

Zwiefalten — könnte dieser Ort nicht in einem Märchen so heißen? Der Name hat einen guten Klang bei Freunden des Wanderns und der Autotouristik. Weit und breit einsames, wenig besiedeltes Land, eine schöne, manchmal etwas melancholische Landschaft, fern dem Lärm und Gestank der Industriegebiete. Stille der Berge und Wälder des Schwäbischen Jura, romantische Schluchten und Täler, Dörfer, ländliche Anwesen. Dann plötzlich bei einem kleinen Ort, wie gezaubert, das großmächtige Bauwerk einer Kirche. Die Reiseprospekte bezeichnen sie als ein „Kleinod" des oberschwäbischen Barocks.

Zwiefalten und das nahe gelegene Grafeneck waren bis zum Einbruch des Nazismus vorbildliche Anstalten zur Pflege Geisteskranker und zur Therapie heilbarer Nerven- und Geisteskrankheiten. Der „Philosoph" Alfred Rosenberg in seinem pseudowissenschaftlichen Werk „Mythos des XX. Jahrhunderts" und Adolf Hitler in seinem Buch „Mein Kampf" forderten lange vor ihrer Machtergreifung die Ausmerzung aller „lebensuntüchtigen" Elemente. Adolf Hitler schrieb in seinem 1924 erstmals erschienenen Buch „Mein Kampf" auf Seite 280: „... hier wird man, wenn nötig, zur unbarmherzigen Absonderung unheilbar Erkrankter schreiten müssen — eine barbarische Maßnahme für den unglücklich davon Betroffenen..."

Schon am 14. Juli 1933 wurde das „Gesetz zur Verhütung erbkranken Nachwuchses" erlassen, dem dann systematisch weitere Maßnahmen folgten. Auf der Höhe der Macht des faschistischen Regimes begann dann der bis ins einzelne geplante Vernichtungsfeldzug. *

Das „Samariterstift Grafeneck" erhielt vom damaligen Landrat von Münsingen im Oktober 1939 folgende Verfügung:

„Aufgrund von § 3 a in Verbindung mit § 2 a Buchstabe a des Reichsleitungsgesetzes vom 1. September 1939 (Reichsblatt I S. 1645) nehme ich das Krüppelheim Grafeneck — vorläufig ohne Gutshof — für Zwecke des Reiches in Anspruch. Das Heim ist spätestens am 14. Oktober 1939 abends von den Insassen und den Pflegepersonen — vorläufig ohne landwirtschaftliches Personal — zu räumen. Der Schlüssel ist mir zu übergeben...

gez. Alber"

---

* Vgl. Alexander Mitscherlich und Fred Mielke: Medizin ohne Menschlichkeit. Dokumente des Nürnberger Ärzteprozesses. Fischer Bücherei, Frankfurt/Main 1960.

Am 1. September 1939 hatte Hitler in einem Geheimerlaß den Befehl zur Tötung „unheilbarer" Kranker ausgegeben. Er lautete:

„Reichsleiter Bouhler und Dr. med. Brandt sind unter Verantwortung beauftragt, die Befugnisse namentlich zu bestimmender Ärzte so zu erweitern, daß nach menschlichem Ermessen unheilbaren Kranken bei kritischer Beurteilung ihres Krankheitszustandes der Gnadentod gewährt werden kann."

Diese planmäßige Ausrottung begann sofort. Zunächst wurden die meisten Heilanstalten aufgelöst, die Insassen auf einige Auffangstellen verlegt, was man damit begründete, die Evakuierung sei wegen der Kriegsverhältnisse notwendig. Die „Richtlinien zur Vernichtung lebensunwerten Lebens" sahen folgendes vor:

Anfangs sollten alle kranken Juden und Ausländer beseitigt werden, dann die Geisteskranken und anschließend geistig und körperlich behinderte Kinder. Dann sollten die Erwachsenen folgen, die „Degenerations- und Entartungserscheinungen oder Minderwertigkeitskomplexe" aufzuweisen hatten, Psychopathen, Epileptiker usw.

Als die Aktion anlief, versuchten viele Ärzte der Heilanstalten, durch einen passiven Widerstand zu retten, was noch zu retten war. Die Kranken wurden massenhaft nach Hause entlassen, die Ärzte verwässerten und verfälschten zugunsten ihrer bisherigen Pfleglinge die Diagnosen. Schließlich half aber alles nichts.

Die Anstaltsärzte mußten zusehen, wie ganze Transporte von Kranken, die keineswegs immer unter die Degenerierten fielen, „verlegt" wurden. Da waren Arbeiter, wenn auch chronisch leidend, die trotzdem für die Landwirtschaft und als Handwerker in den Anstalten arbeiteten, ja sogar Kriegsbeschädigte aus dem Weltkrieg 1914/18 und solche, die nach dem Urteil der Ärzte heilbar waren. Diese Kranken landeten in den großen staatlichen Anstalten, wo sie dann zum zweitenmal listenmäßig erfaßt und auf Grund neuer Diagnosen einer der vier damals betriebenen Vernichtungsanstalten zugeführt wurden, wo sie den Tod erlitten.

Die „Gemeinnützige Krankentransport GmbH"

Einer der eifrigsten „Mitarbeiter" in Baden-Württemberg war Dr. Artur Schreck. Er löste die Anstalt Rastatt auf und ließ die 577 Kranken im Herbst 1939 nach Zwiefalten verlegen. Die Kranken wurden mit wenigen Ausnahmen von Zwiefalten nach Grafeneck weitertransportiert und dort getötet. Schreck erhielt den Posten des Inspektors der Vernichtungskommandos. Er hauste so furchtbar und ging so radikal und skrupellos vor, daß er den Spitznamen „Schreck der Heilanstalten" erhielt.

Die Kranken wurden regelmäßig zunächst auf Zwischenstationen verlegt, anschließend ging es dann immer nach Grafeneck, das mit sämtlichen technischen Einrichtungen zur Tötung der Kranken in kürzester Frist eingerichtet war.

Dabei übernahm die „Gemeinnützige Krankentransport-Gesellschaft mbH" (Welch gemeiner Zynismus lag schon in dieser Bezeichnung!) die unheilvolle Rolle, die Kranken nach Grafeneck sowie nach Hadamar und anderen Vernichtungszentren zur Ermordung zu transportieren. Diese Transport-Gesellschaft hatte vorher „Arbeitsgemeinschaft der deutschen Heil- und Pflegegesellschaften" geheißen und war im humanen Geist von Ärzten und Pflegepersonal verwaltet worden. Nach der Umbenennung übernahmen SS-Leute das neue Amt mit den Mordaufträgen.

Die Mordgehilfen hatten vollauf zu tun, ihre Todesmaschinerie in Gang zu halten. Eine weitverzweigte Bürokratie sorgte für den reibungslosen Ablauf des mörderischen Treibens. Schreibstuben füllten sich mit Angestellten und mit dem, was sie für ihren Arbeitstag brauchten: mit Akten, Erlassen, Personalbogen und sonstigen Papieren. Ab- und Zugänge wurden aufgenommen, Transporte angeordnet, Daten aufgezeichnet, Trauerbotschaften mit irgendwelchen Todesursachen nach klischierten Entwürfen geschrieben, Kosten verbucht, bisweilen auch Geldbeträge für Übersendung der Urnen angefordert, Statistiken hergestellt und vieles andere, was eben in einem Bürobetrieb zu tun ist. Alles mit deutscher Gründlichkeit und Ordnungsliebe.

Dokument des Grauens

Dr. Kraus, der Leiter der Heilanstalt Weisenau, von der aus Kranke nach Grafeneck gebracht wurden, gab nach 1945 folgendes gerichtlich zu Protokoll:

„Vor der Anstalt, in der ich mich zur Zeit befinde, fuhren immer wieder große graue und rote Omnibusse vor, d. h. man fuhr sie schließlich in den Garten, um sie von der Straße wegzubekommen. Die ganze Ortschaft horchte immer auf, Hunderte von Kranken warteten in notdürftigen Unterkünften, auf blankem Stroh, auf ihre letzte Fahrt. Eine Anzahl von ihnen starb meist schon während der Wochen des Wartens.

Von einem Augenzeugen (Arzt) wurde mir der Hergang der eigentlichen Exekution folgendermaßen geschildert:

Dann wurden die zur Vernichtung bestimmten Kranken sofort in den Raum verbracht, der mit einem Röhrensystem versehen und hermetisch abzuschließen war. Durch Gucklöcher in der Tür habe man aber die Vorgänge beobachten können. In diesem Raum brachte man ca. 75 Mann. Nach ¾ Stunden konnte der Raum bereits wieder geöffnet und die Leichen herausgeschafft werden. Der Tod war unterdessen durch Kohlenoxydvergiftung eingetreten. Die völlig nackten Leichen wurden dann auf Rosten verbrannt, und zwar schmorte man immer eine möglichst fette Leiche mit zwei mageren. Die Asche wurde in einer Urne den Angehörigen unter

Angabe irgendeiner Todesursache zugesandt. Anfangs hatte man offenbar (ehe man zur Vergasung durch besondere Vorrichtungen überging) alle möglichen Methoden auf toxikologischem Gebiet versucht, Injektionen usw.

Es gab kein Gesetz und keine öffentliche Anordnung, man wußte nur vom Hörensagen, daß Regierungskreise die Aktionen befahlen. Ich selbst war Zeuge von erschütternden Szenen, die sich anläßlich von Besuchen in meinem Amtszimmer abspielten, als ich den Leuten, die von irgendwoher ankamen, eröffnen mußte, daß ihre Angehörigen mit unbekanntem Ziel am soundsovielten abgeholt worden waren. Meistens wußten die Leute sofort, was sich ereignet hatte. Ohnmachtsanfälle waren an der Tagesordnung. Man mußte den Leuten immer antworten: Ich weiß nicht mehr und nicht weniger als Sie — eben nur das, was die Spatzen vom Dach pfeifen. Die Besucher konnten und wollten es nicht glauben, daß die Maßnahmen nicht Sache der Anstalten sei. Das Ansehen des ganzen Psychiaterstandes erlitt allerschwerste Einbuße."

Der Widerstand

Ähnliche Berichte liegen über die anderen Anstalten und Exekutionsstätten vor. Immer mehr Gerüchte und Berichte drangen in die Öffentlichkeit. Erregung und Empörung bemächtigten sich der Menschen. Die Unruhe stieg, als die Leute vom Hörensagen Einzelheiten über die Massenmorde erfuhren. Auch wußte man im Volk, daß nicht nur die Geisteskranken im engeren Sinn, sondern Kranke und Gebrechliche aller Art, die nicht oder oft nur beschränkt arbeitsfähig waren, ja sogar Schwerkriegsbeschädigte vergast wurden. Viele Leute bekamen allmählich Angst, daß alle „unnützen Esser", insbesondere also alte, kranke Menschen, dem gleichen grausigen Schicksal entgegensahen. Da bangte mancher um seinen „Lebensabend".

Erschütternde Berichte waren im Umlauf. Da gab es Soldaten, die Nachrichten vom Tod ihrer nervenkranken Mutter oder ihres geistesschwachen Vaters erhielten und bereits wußten, was es damit auf sich hatte; da wurden erschreckende Szenen bekannt, die sich abspielten, als nach dem Tod zweier Söhne an der Front die geistig behinderte Tochter von der Heilanstalt abgeholt worden war und wenige Tage später in der neuen Anstalt plötzlich „verschied". Die Mutter nahm sich aus Gram das Leben.

Derartige Geschehnisse häuften sich. Jedermann kannte schließlich die grauen Wagen und wußte, welchen grausigen Transporten sie dienten. Immer wieder holten sie in Zwiefalten wie von anderen Zwischenstationen jeweils bis zu 75 Personen und fuhren sie nach Grafeneck zur Vergasung. Tarnung und Verheimlichung nützten da nichts mehr. Schon die Schulkinder unterhielten sich darüber und machten einander Angst: „Wart, dich holt der graue Wagen ab, dann geht's dir schlecht!"

Die Stimmung im Volk und die Entrüstung über die grauenhaften Massenmorde brachten nun auch hohe Würdenträger der Kirche zum Ausdruck. An ihrer Spitze war es vor allem der Bischof von Münster, Graf von Galen, der in seinen Predigten scharf mit der Regierung ins Gericht ging und die Schandtaten rücksichtslos aufdeckte. Seine Reden wurden vervielfältigt und im In- und Ausland verbreitet. Ebenso erhoben Kardinal Faulhaber in München, Bischof Bornewasser in Trier und eine Anzahl weiterer hoher Würdenträger Anklage und forderten die Regierung auf, die Verbrechen einzustellen. Unerschrocken protestierten auch die Protestanten in der „Bekennenden Kirche" gegen die Massenmorde. Hier war es besonders Bischof Wurm, der seine Stimme gegen das Mörderregime erhob. Dabei ist zu würdigen, daß diese geistlichen Repräsentanten beider Konfessionen keinerlei Macht und Schutz hinter sich hatten.

Es ist dokumentarisch bewiesen, welche Rolle der damalige Papst Pius XII. in der Zeit des Dritten Reiches spielte und wie er mit dem Hitler-Regime zusammenarbeitete. * In diesem Zusammenhang läßt sich auch nicht verschweigen, daß obere kirchliche Würdenträger im allgemeinen weniger aktiv gegen die Massenmorde an Juden oder die Verbrechen in den Konzentrationslagern auftraten. Jedoch gab es unter den Geistlichen viele mutige Widersacher, die von Anfang an sich gegen den nationalsozialistischen Terror wehrten und für ihre Überzeugung auch ins Konzentrationslager gingen. **

Angesichts des wachsenden Widerstandes im Volk wagte es die Naziregierung nicht, sich der kirchlichen Würdenträger zu bemächtigen. Fast nur niedere Kirchenbeamte, die sich gegen die Mordmaßnahmen wandten, wurden eingesperrt und in die KZ-Lager verschleppt. Als erste der Mordzentralen wurde Grafeneck im Jahre 1941 geschlossen, doch ging in anderen Anstalten das Morden weiter und hörte bis zum Kriegsende nie ganz auf. Die aufgelösten Anstalten, privaten Asyle und Wohlfahrtseinrichtungen wurden zu Bauten der „Nationalen Verteidigung" umgewandelt, zu Parteischulen, Kasernen, Kriegslazaretten, Kriegsgefangenen- und Internierungslagern.

Die Zahl der ermordeten Geisteskranken ist auf Grund der amtlichen Unterlagen auf insgesamt mindestens 300 000 bis 400 000 zu schätzen, davon 18 000 aus Baden und Württemberg. Die praktischen Ausführungen des Massenmordes mit technischen und medizinischen Mitteln wurde in den Mordzentren der KZ's, den Judenvernichtungslagern, den Sammelstellen „minderwertiger Rassen" (Zigeuner, Farbiger u. a.) den Euthanasieanstalten für Geisteskranke zu höchster Perfektion entwickelt. Diese

---

* Siehe dazu u. a.: Saul Friedländer: Pius XII. und das Dritte Reich. Eine Dokumentation. Rowohlt Verlag, Reinbek bei Hamburg 1965.
** Vgl. die Dokumentation von Reimund Schnabel: Die Frommen in der Hölle. Geistliche in Dachau. Röderberg-Verlag, Frankfurt/Main 1966.

grauenhaften Taten einer verbrecherischen Regierung sind eines der dunkelsten Kapitel in der Geschichte der Menschheit.

Ein Brief der Mörder

Landespflegeanstalt
Grafeneck

Zeichen: A 92/19 Bi.

Münsingen, 4. Oktober 1940
Schließfach 17

Herrn
Josef Gotthard, Weissgerber
Esslingen
Landolinsteige

Sehr geehrter Herr Gotthard!

Es tut uns aufrichtig leid, Ihnen mitteilen zu müssen, daß Ihre Tochter Helene Gotthard am 3. Oktober 1940 in unserer Anstalt plötzlich an einer Wundinfektion mit anschließender Blutvergiftung gestorben ist. Ihre Tochter wurde am 18. September 40 auf ministerielle Anordnung gemäß Weisung des Rechtsverteidigungskommissars in die hiesige Anstalt verlegt. Bei ihrer schweren Erkrankung bedeutete für die Verstorbene das Leben eine Qual, so müssen Sie ihren Tod als Erlösung auffassen. Da in der hiesigen Anstalt z. Z. Seuchengefahr herrscht, ordnete die Polizeibehörde die sofortige Einäscherung des Leichnams an. Wir bitten um Mitteilung, an welchen Friedhof wir die Übersendung der Urne der Heimgegangenen durch die Polizeibehörde veranlassen sollen. Zutreffendenfalls ist eine Bescheinigung über den Erwerb der Begräbnisstätte hierher zu senden. Etwaige Anfragen bitten wir schriftlich an uns zu richten, da Besuche hier gegenwärtig aus seuchenpolizeilichen Gründen verboten sind. Sollten wir nach Ablauf von 14 Tagen keine Nachricht von Ihnen erhalten haben, so werden wir die Urne gebührenfrei anderweitig beisetzen lassen.

2 Sterbeurkunden, die Sie für eine ev. Vorlegung bei Behörden sorgfältig aufbewahren wollen, fügen wir bei.

Heil Hitler
gez. Dr. Keller

Nachwort

Der vorliegende Bericht über die KZ-Lager in Baden und Württemberg berührte mich in seiner einfachen Sprache in besonderem Maße. Er konfrontiert — wie ich meine — den Leser mit zwei zentralen Fragen:

Wie konnte ein intelligentes Volk mit einer hochzivilisierten Kultur, wie konnte eine Gesellschaft, die sich bei jeder Gelegenheit auf Goethe und Schiller berief, wie konnte sie einem solchen Regime solche Macht überlassen?

Selbst wenn man die Katastrophe des Jahres 1933 auf die damalige bedrückende wirtschaftliche Situation zurückführt, auch wenn man die Machtübernahme durch die Nazis hinterher als eine üble Überrumpelung erkennt — die Frage wird noch unerbittlicher:

Wie war es möglich, die Kristallnacht nicht wahrzunehmen? Warum hat man nicht gesehen, als ein Schulkamerad, ein Mitarbeiter nach dem anderen aus den Bänken verschwand? Wie konnte eine intelligente Bevölkerung eine derart totale Gleichschaltung mit sich zulassen?

Die Gleichschaltung eines Volkes und die Ausschaltung aller, die nicht gleichgeschaltet werden konnten, ist ein Spiegelbild zu der späteren kollektiven Antwort darauf nach dem Zusammenbruch des Naziregimes: Wir haben nichts gewußt.

Nicht die trefflichste Analyse des Faschismus noch die tiefgründigsten sozialpsychologischen und politischen Untersuchungen, die wir in den letzten 20 Jahren erhielten und die zweifellos zur Erkenntnis eines solchen Phänomens unerläßlich sind, werden jemals eine hinreichende Antwort auf diese Frage geben, die seit 1945 durch unser Volk geistert und ihm in vieler Hinsicht die politische Unbefangenheit blockiert.

Jedenfalls weist dieser schlimme Schrei „Wir haben nichts gewußt" auf einen außergewöhnlichen apolitischen und ahistorischen Zustand breiter Bevölkerungsschichten, gerade auch der sogenannten Bildungsschichten hin und führt zu der zweiten zwingenden Frage, zu der die Lektüre dieses Dokumentes herausfordert:

Wie können wir künftig Derartiges verhindern?

Vermutlich ist diese Frage die entscheidendere. An ihr kann und muß unentwegt gearbeitet werden. Politische Wachheit, Sinn für gesellschaftliche Verantwortung werden uns fähig machen, in täglichen kleinen Schritten die demokratische Wirklichkeit zu erarbeiten, zu verteidigen, zu erweitern und zu vertiefen.

Versuchen wir von der heutigen Situation her uns jenes dunkle, vielleicht dunkelste Kapitel deutscher Geschichte, das die langen 12 Jahre des Dritten Reiches umschließt, zu vergegenwärtigen, so tun wir schwer, einen Zugang des Verständnisses zu finden.

Trotzdem ist es gut, die Phänomene von damals wenigstens als historische Fakten immer wieder zu betrachten, um aus ihnen zu lernen, unsere menschliche und politische Sensibilität zu schärfen. Dann wird der Blick in die nächste, noch erlebbare Zukunft kritischer, klarer und sicherer. Das Nie wieder wird zum täglichen Lernprozeß.

Eine weitere Möglichkeit, jene Zeit zu verstehen, liegt vielleicht darin, die Geschichte der Menschheit — und innerhalb ihrer vornehmlich unsere eigene Geschichte — nach den Spuren abzusuchen, die den großen Kampf um die radikale Humanität für alle erkennen lassen. Diese Möglichkeit wird den Stellenwert jener Menschen des deutschen Widerstandes in der Geschichte aufweisen, die in den grauenvollen Lagern den letzten, festen Kern der unabhängigen und nicht manipulierbaren Person erhielten. Dann ist es keine Anmaßung, wenn der Brennesselstrauß der Lagerführer im KZ Heuberg an die Dornenkrone vor 2000 Jahren erinnert, mit der die Soldateska von damals Christus verhöhnte.

INGE AICHER-SCHOLL

Personenregister

Verzeichnis
ehemaliger Schutzhäftlinge,
die durch ihre Aufzeichnungen die Herausgabe
dieser Dokumentation ermöglichten:

Acker, Wilfred
Armbruster, Alfred
Bechtle, Willy
Benz, Emil
Böning, Franz
Gonser, Reinhold
Greiner, Emma
Hunsinger, Willi
Haag, Alfred
Kienzle, Kurt
Kaltenbacher, Hans

König, Frieda
Ratzinger
Riekert, Alfred
Rueß, Hans
Schätzle, Julius
Schuhbauer, Josef
Schuhkraft, Adolf
Schuhmacher, Else
Steiger, Adolf
Waibl, Toni
Weber, Kurt

Das Lagerkomitee Heuberg — Kuhberg — Welzheim dankt besonders für ihre Beiträge MdB Karl-Heinz Kern, MdL Rolf Dick, Inge Aicher-Scholl sowie Erich Kunter und der Landesleitung Baden-Württemberg der Vereinigung der Verfolgten des Naziregimes / Bund der Antifaschisten für ihre tatkräftige Unterstützung.

Konzentrationslager
im Land Baden-Württemberg

Erläuterung: ● Außenkommando von Natzweiler, ○ Außenkommando von Dachau, ◐ Außenkommando von Schirmeck, ⊕ Außenkommando von Buchenwald, ▽ Außenkommando von Sachsenhausen.

▼ KZ-Heuberg-Kuhberg-Welzheim-Kislau-Ankenbuk. ⊗ Arbeitserziehungslager, ⊕⧸⧸ -Abfertigungslager ◎ Strafanstalten.

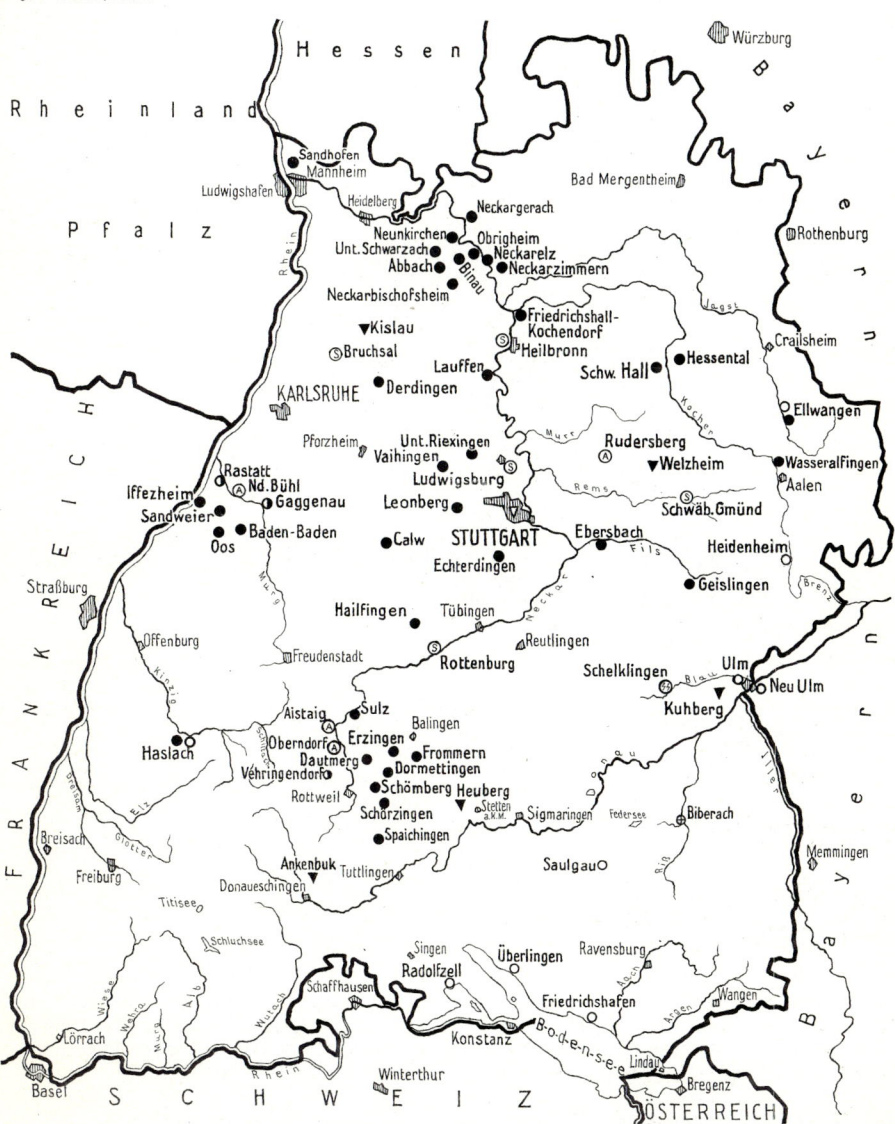

Dieses Festungswerk war
in den Jahren 1933 bis 1935
der Kerker für aufrechte Männe
unserer Heimat. Im Glauben
an Freiheit und Menschenwürde
widerstanden sie Unrecht
und Gewalt.

Oben: Karl B u c k , der ehemalige Kommandant der Konzentrationslager Heuberg (1933), Kuhberg (1933—1935), Welzheim (1935—1945) und Inspekteur mehrerer Konzentrationslager im Elsaß. Buck wurde 1945 wegen der Tötung französischer Häftlinge in Frankreich als Kriegsverbrecher zum Tode verurteilt, später begnadigt und in die Bundesrepublik entlassen.

Unten: Diese Gedenktafel an der Festung Oberer Kuhberg wurde am 14. November 1960 von der Stadt Ulm enthüllt.

Bis 1971 — über 35 Jahre — war diese
Nazi-Inschrift über einem Tor des Forts
Oberer Kuhberg zu lesen. Die SA-
Peiniger hatten sie 1933 anbringen lassen.
Nachdem die Lagergemeinschaft der
ehemaligen politischen Häftlinge vom
Kuhberg 1970 beschlossen hatte, die
NS-Parole als entlarvendes Beispiel des
Faschismus für das geplante KZ-Museum
Kuhberg stehen zu lassen, war die alte
Inschrift plötzlich über Nacht abgekratzt
worden. Das Foto zeigt den heutigen
Toreingang.

Ulm. Fort Oberer Kuhberg. Die Kasematten im westlichen äußeren Wehrgang waren Unterkunfts-
räume der politischen Häftlinge.

Fort Oberer Kuhberg. Das sogenannte Reduit (Hauptwerk) diente während der Zeit zwischen 1933 und 1935 als Kommandoturm und Haupteingang des Konzentrationslagers. Im Untergeschoß, das tief in die Erde reicht, waren damals die berüchtigten Kommandanten-Bunker (Strafzellen) untergebracht.

Fort Oberer Kuhberg. Der Eingang zum ehemaligen Häftlingsrevier, dem Krankenraum des Ulmer KZ, der in unmittelbarer Nachbarschaft der SA-Unterkunft lag (oben). Verbindungsweg zu den unterirdischen Kasematten (unten).

1933: Verschleppungen ins KZ Kislau. Oben: Auf der vorderen Bank sitzend: Landesinnenmini-
ster von Baden, Adam Remmele. Unten: Zweiter von links Adam Remmele, in der Mitte Ludwig
Marum, der in Kislau ermordet wurde.

Oben: Schloß Kislau bei Bruchsal — während der Nazizeit Konzentrationslager. Unten: Konzentrationslager Welzheim. Es war vor 1933 Polizeigefängnis.

GEWALT NAHM
UNS LIEBLOS
LEBEN und RECHT
SEI DU DER LIEBE,
DES FRIEDENS
TREUER KNECHT!

Oben: KZ-Friedhof Birnau. Unten: KZ-Friedhof Bisingen — während einer Gedenkfeier 1972.

Oben: Jüdisches Ehrenmal auf dem KZ-Friedhof in Schömberg. Unten: Gedenkstätte für die Opfer in der Heilstätte Grafeneck.

1933 – 1945

| verfemt | verstoßen | gemartert |
| erschlagen | erhängt | vergast |

Millionen Opfer der nationalsozialistischen Gewaltherrschaft beschwören Dich:

NIEMALS WIEDER!

Mahnmal der Stadt Stuttgart auf der Karlsplatz-Seite des Alten Schlosses.
Inschrift von Prof. Ernst Bloch.

Fotos: Georg Abele, Stuttgart (3), Hartmut Lange, Ulm (3), Russ, Ulm (1), S. Resch, Ulm (3), Stadtarchiv Welzheim (1), VVN-Archiv, Stuttgart (8).